球体スチロール人形

手づくり人形劇
ハンドブック

❶手袋人形　❷封筒人形　❸フェルト人形

手づくり人形劇ハンドブック

― 子どもといっしょに楽しむ劇表現の世界 ―

幸田眞希　掃守純一郎　金城久美子　横田左千子

萌文書林
HOUBUNSHORIN

はじめに

　あなたは小さい頃にぬいぐるみで遊びましたか？　子どもは、ぬいぐるみが大好きです。どうしてでしょう。ぬいぐるみは、お母さんのように「あれしなさい、これしなさい」と子どもをせきたてることはありません。お姉ちゃんやお兄ちゃんのようにおもちゃを取ったりしませんし、文句もいいません。子どもは安心感をもって、ぬいぐるみを大好きな友だちのように、あるいは、自分の子どものようにかわいがります。
　保育所でぬいぐるみをおんぶして遊ぶ子どもたちを見ることがあります。子どもは、ぬいぐるみと遊ぶことで、人間関係や社会性だけでなく命の尊さを学んでいくのです。そんなぬいぐるみがお芝居をしたり、おしゃべりを始めたりしたらどうでしょう。子どもたちが夢中にならないはずはありません。人形劇は、楽しい魔法のひとときを子どもたちに与えてくれます。子どもたちは人形劇が大好きで、見ながら笑ったり泣いたりします。

　一般に、子どもたちのまわりにある成長や発達の過程にかかわるものを「児童文化」といいます。そこで生み出されるさまざまなものを「児童文化財」と呼びます。本書では、人形劇を中心に学びますが、このほかに、おはなし、絵本、紙芝居、ペープサート、パネルシアターなどがあります。大学の授業では、このようないろいろな文化財にふれます。そのなかには、おもちゃ、歌、踊り、絵画などを学ぶこともあります。
　そして形としてあるものを有形文化財、人づてに伝えていくものを無形文化財といいます。保育の場にも、有形無形の文化財がたくさんあり、それらをすべて学ぶには大変な努力を要します。そこで本書では、とくに人形劇を中心にして児童文化財についてとりあげます。人形劇を通して、児童文化の幅の広さや楽しさを学んでほしいと思います。

　ひと口に人形劇といっても、そのなかには子どもを取り巻くさまざまなものが含まれます。また、保育者になるために学んだことが、人形劇につながることがあります。劇の内容を考え、台本を書くときには、今まで読んだ絵本や子どもの歌が参考になります。たくさんの絵本を読んでいれば、アイディアはつぎつぎに出てきます。人形をつくるときは、造形や美術の授業のようです。造形感覚があれば表情豊かな顔をつくれます。色彩感覚や配色も重要な要素になります。
　子どもの人間関係について学んだことは、劇の台本を書くときの登場人物の人間関係

やチームワークにつながっていきます。人形を操作するときに、人形が子どものほうを向くという基本も、保育者が子どもと話をするときに視線をあわせるということにつながります。劇を上演したときの達成感は、保育の現場で子どもたちが発表会で演じるときの達成感に通じるものがあります。このように人形劇をつくりあげて上演するという過程のなかには、子どもについて学ぶことと重なり合う部分があるのです。

　本書のなかには、いろいろな人形が出てきますが、それらをつくることが最終的な目的ではなく、人形を使って子どもの生活や思いを表現し、伝えることが大事なのです。そうすることで保育について学んだことが、自分自身のなかで確かなものになります。

　保育の現場で、子どもたちに寄り添い、魔法の時間を演出する保育者になるために、本書が手助けになれば幸いです。

2016年 3 月

掃守　純一郎

Contents

はじめに —— iii

PART 1　身近な素材でつくる人形

1 ★ 封筒人形 ·· 2
　（1） 封筒人形の特徴 ·· 2
　（2） 封筒人形をつくる ·· 3
　　　　応用　●形を丸くするには　●折り紙を使って人形をつくる◆6
　　　　　　　●色画用紙を使って人形をつくる◆6
　（3） 人形の動かし方 ·· 8
　（4） 保育のなかでの生かし方 ·· 8

2 ★ フェルト人形 ·· 10
　（1） フェルト人形の特徴 ·· 10
　（2） フェルト人形をつくる ·· 11
　　　　応用　●刺繍して口やヒゲ、へそをつくる◆15
　（3） 人形の動かし方 ·· 15
　（4） 保育のなかでの生かし方 ·· 16

3 ★ 手袋人形 ·· 18
　（1） 手袋人形の特徴 ·· 18
　（2） 手袋人形の頭をつくる ·· 19
　（3） 手袋人形の服をつくる ·· 24
　（4） 手袋人形をしあげる ·· 25
　（5） 人形の動かし方 ·· 28
　（6） 保育のなかでの生かし方 ·· 28
　　　　[Column] 保育と人形の会◆29

PART 2　人形劇をつくる

1 ★ 球体スチロール人形 ―――― 32
　（1）球体スチロール人形の特徴 ―――― 32
　（2）下絵を描く ―――― 33
　（3）頭を削る ―――― 35
　　　応用 ●ネコ（ひょうたん型）やブタ（大きな鼻）の削りだし方 ◆ 38
　（4）耳・鼻の頭を削る ―――― 39
　（5）頭に耳をつける ―――― 41
　（6）頭にタオルを貼る ―――― 43
　（7）鼻や耳にタオルを貼る ―――― 47
　（8）頭に鼻・目・耳をつける ―――― 49
　　　応用 ●ヒゲのつけ方／くちびるのつけ方 ◆ 50
　（9）胴体と首をつくる ―――― 51
　（10）人形の頭と胴体をつなぐ ―――― 54
　　　応用 ●ゾウのつくり方　―やわらかい素材でつくる耳と鼻― ◆ 56
　　　　　　●カエルのつくり方　―大きな目をつくる― ◆ 59
　　　[Column] 先輩たちの声①　―人形づくりを終えて― ◆ 61
　（11）保育のなかでの生かし方 ―――― 62

2 ★ 劇をつくる ―――― 66
　（1）舞　台 ―――― 66
　　　[Column] 舞台の工夫 ◆ 70
　（2）人形の基本的な操作方法 ―――― 70
　　　[Column] 人形の扱いについて ◆ 75
　（3）台　本 ―――― 76
　（4）練　習　―劇をつくるまで― ―――― 79
　　　[Column] 先輩たちの声②　―台本づくりから練習― ◆ 82
　（5）発　表　―劇を演じる― ―――― 83
　　　[Column] 先輩たちの声③　―人形劇の発表を終えて― ◆ 85

あとがき ―――― 86
執筆者紹介 ―――― 89

　　　資料①　手袋人形（手袋の型紙）　　　資料②　手袋人形　前身頃の型紙
　　　資料③　手袋人形　後身頃の型紙　　　資料④　球体スチロール人形　胴体の型紙

PART 1

★

身近な素材でつくる人形

　まず、封筒やフェルト、カラー手袋など、すぐに手に入れることができる身近な素材で人形をつくってみましょう。

　封筒人形は、保育者だけでなく、子どもでもつくって遊ぶことができます。フェルトでつくる人形は小さな人形ですが、小さな世界だけでなく大きな世界もつくりだすことができます。手袋人形は、おとながつくりますが、布の感触と立体的な存在感が子どもの気持ちを動かし、すぐに子どもが自分の手を入れて遊びはじめるでしょう。

　人形をつくる素材は、身近な生活のなかにいろいろあります。紙コップ、飲料水などのペットボトル、瓶やいろいろな容器、箱など、アイディア次第で人形をつくることができます。何がどう使えるか、日ごろから気をつけておきましょう。見つけたら、早速つくってみてください。

1 ★ 封筒人形

完成図

(1) 封筒人形の特徴

①身近な素材で簡単につくることができる

　封筒人形は、身近にある封筒をおもな材料にしています。紙の素材のため「切る」「描く」「貼る」が簡単にできます。封筒に耳を貼り、目鼻を描くだけで、あっという間にかわいらしい人形にしあがります。

②簡単に使える

　人形の動かし方は、手を入れるだけです。子どもたちと楽しいおはなしができます。手づくりならではの親しみが、子どもの笑顔を引き出すことでしょう。

③いろいろな場面で使える

　封筒人形の耳や顔、洋服を折り紙で色づけしてみましょう。とても華やかになり、人形劇の人形として年間行事のイベント劇などにも使うことができます。素材が紙なので使っているうちに破れてしまうこともありますが、すぐに補修できますし、つくり直すことも簡単です。

(2) 封筒人形をつくる

- 長形3号封筒（1体で1枚使用する）
- サインペン（黒、その他）　・ハサミ
- のり　　　　　　　　　　　・折り紙

❶ 動物の特徴をとらえて人形の下絵を描く。

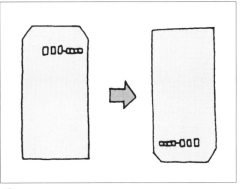

❷ 封筒を逆さにする（封筒のフタがあるほうを下向きにする）。

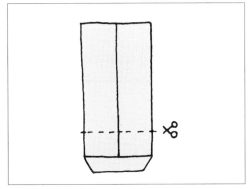

❸ フタの部分は耳の材料として使う。封筒を裏返して作成する動物の耳の大きさに合せて図のように切り取る。

ポイント

★ 動物の耳の大きさを考えて切る。

- たとえば、「ウサギの耳は細長い」「ゾウの耳は大きい」などをイメージしてちょうどよい大きさで切ろう。

★ 切り取った封筒で耳をつくらない場合は、次のページを参照する。

- ブタ、ペンギン……p.6参照。

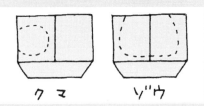

1　封筒人形

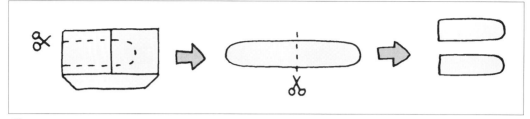

❹ 切り取った部分を耳の形に切る（ここではウサギを例に示す）。

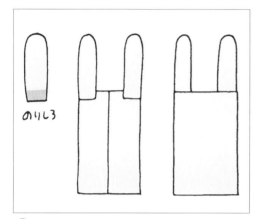

❺ 耳を貼りつける。

> ⚠️ **注意**
> ★ 耳を封筒の表裏どちらにつけるかによりイメージが変わる。
> ・基本は封筒の裏側に貼りつけるが、動物によっては表面に貼りつけたほうがよいものもある。ここでも動物の特徴をとらえるようにしよう。

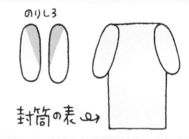

MEMO

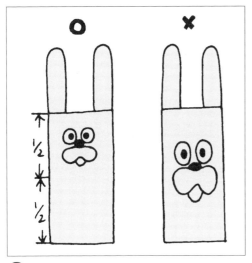

❻ サインペンで目と鼻を封筒に描く（折り紙で目や鼻をつくる場合はp.6を参照しよう）。

> ⚠ **注 意**
>
> ★ 全体のバランスに注意する。
>
> ・大きく目と鼻を描いてしまうと、顔だけの人形になってしまう。封筒の2分の1くらいを目安に顔と胴体に分けるとよい。
>
>
>
> ★ 目は、白目に黒目を入れるようにし、正面を向くようにする（下図）。
>
> ・寄り目、黒目のなかの白目、目がハートマークになっているなど、現実的でない表現はしないようにする。
>
> 【○よい例】　　【×悪い例】
>
>
>

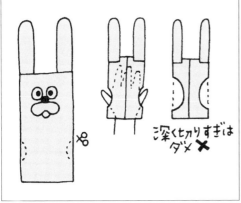

❼ 封筒の両脇を切り取り、指を出す部分（指は人形の手になる）をつくれば封筒人形が完成！

> 👆 **ポイント**
>
> ★ 動物によっては指を出す部分をつくらなくてもよいものもある。
>
> ・たとえば、ペンギンなどは耳の代わりに羽をつくり貼りつけたほうがよい。
>
>

 **応用**

● 形を丸くするには

　封筒の図の部分を折り曲げると、形を丸くできる。また、ブタなどは封筒の角を折るだけで耳を表現することもできるので工夫してみよう。

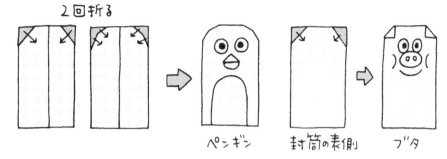

● 折り紙を使って人形をつくる

・目や鼻などを折り紙でつくったり、耳の部分に貼ったりすることで、カラフルでかわいらしい人形にしあげることができる。また、蝶ネクタイや洋服をつくってもよいだろう。動物にもよるが、折り紙は5〜6色程度使うことを目安にするとよい。

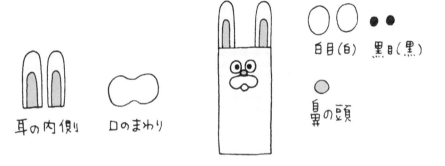

応用

● 色画用紙を使って人形をつくる

　ここでは封筒を使用せずに色画用紙を用いて人形をつくる方法を紹介する。この方法を使うとクマなら茶色、ブタはピンクなど、動物の色に合わせた人形をつくれる。また、全体に色がついているのでしあがりの完成度が高い。

①B4の色画用紙を半分に切る。長形3号封筒の下に切った色画用紙を置く。

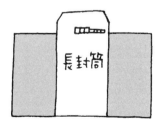

②色画用紙を図のように折りたたむ。

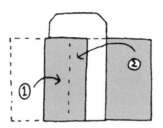

③色画用紙を折りたたんだら封筒を引き抜く。

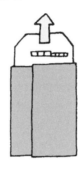

④色画用紙を開いて、のりを図のように塗り、また閉じる。

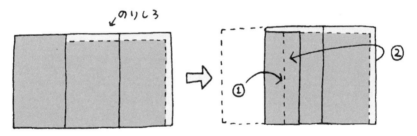

⑤残りの色画用紙で耳をつくり、あとは手順❺からを参照（p.4）し人形をつくる。

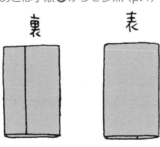

(3) 人形の動かし方

　長形3号サイズの封筒でつくった場合、ちょうどおとなの手が入る大きさになります。封筒に手を差し込むだけなので簡単に動かすことができます。

　手を入れるので少しふくらみはありますが、平面の人形なので基本的に動かすときには、人形の正面を子どもたちに向けます。横向きにならないように注意しましょう。

(4) 保育のなかでの生かし方

①人形を使って子どもに話しかける

　封筒人形を手にはめて話しかけるだけで、子どもたちは人形の動きや話に興味を抱きます。楽しいおはなしはもちろん、生活の約束事を伝える大事な話のときに人形を登場させると子どもたちは集中しやすくなります。

②子どもとともに人形をつくる

　保育者が人形をつくっていると子どもたちは興味を示して集まってきます。封筒があっという間に人形に変身する変化に、子どもたちは目を輝かせておどろくことでしょう。

　封筒人形は、子どもたちも簡単につくることができます。ハサミが使えない年齢の場合は、事前にいろいろな種類の耳の形をつくっておいてもよいでしょう。子どもが動物の種類に合わせて選んで貼りつけるようにすることもできます。

　親子で一緒につくっても楽しいです。人形を介した会話で普段と違った親子のコミュニケーションが生まれます。

2 ★ フェルト人形

完成図

(1) フェルト人形の特徴

①身近な素材で簡単につくることができる

　フェルト人形をつくる際に必要なものは、フェルトと裁縫道具、ボンドなど、どれもが手に入りやすいものです。フェルトは切ったところがほつれてこないのが特徴で、指にはめる小さい人形の細かい目や鼻、口も切ってボンドで貼りつけるだけで顔をつくることができます。

　さらに、目や鼻を糸で縫いつけると耐久性が増します。しっかりつくれば子どもが触ってもはがれることがないので、子どもに手渡して楽しむこともできます。フェルトはフワフワしたやわらかい素材です。優しい見た目や触り心地から、フェルトの温かさが子どもに伝わります。

②簡単に使える

　指にはめるだけで動かせる小さなフェルト人形は、ポケットから取り出していつでも使うことができます。人形が話しかけるだけで、子どもの気持ちが人形に向き楽しくな

ります。これは人形のもっている「力」です。

③いろいろな場面で使える

　ここで紹介しているフェルト人形は１本の指先にはめるものです。指に１体はめるだけでなく、５本の指にはめても楽しいおはなしが展開できそうです。子どもにとって小さい人形は安心感があり、こわがらずに近づくことができます。子どもと人形がすぐ近くで会話をすることや、歌を歌うなど、いろいろな保育場面で使いましょう。

(2) フェルト人形をつくる

- フェルト（10cm×5cm：人形の胴体用、作成したい動物に合せて色を選ぶ）
- 黒色フェルト（人形の黒目用）　　・ハサミ　　・針
- 白色フェルト（人形の白目用）　　・糸（白、黒、その他）
- 赤色フェルト（人形の口用）　　　・木工用ボンド

❶ 動物の特徴をとらえて下絵を描く。

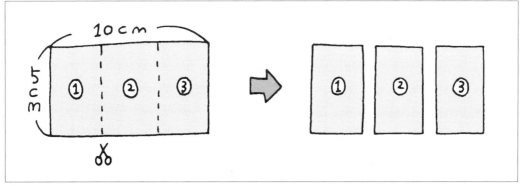

❷ 10cm×5cmのフェルトをハサミで図のように３等分する。

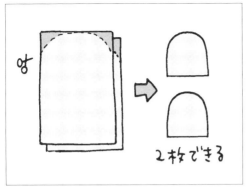

⚠ **注意**
★ 図のように大きく切ってしまうと人形が小さくなってしまう。

❸ 前の手順の①と②を重ねて、図の黒い部分を切り取り人形の頭部をつくる。

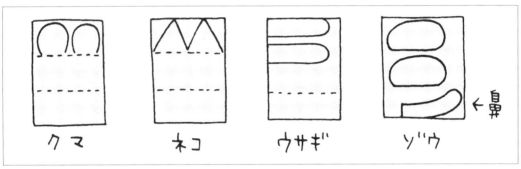

❹ 残った③の部分で耳や鼻などをつくる（ここでは、動物の例4種類を示す）。あまった部分は、ほかの人形をつくるときなどに使えるので端から切り取るようにしよう。

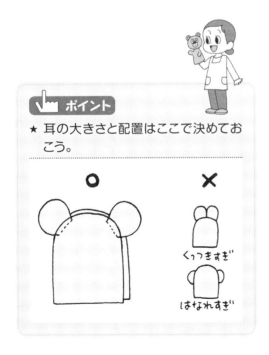

👆 **ポイント**
★ 耳の大きさと配置はここで決めておこう。

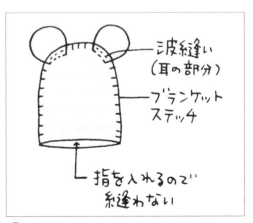

❺ 人形の頭部に耳をはさんで周囲をブランケットステッチで縫う。耳をはさんだ部分は波縫いとなる（人形の口やヒゲを刺繍する場合は縫い合わせずに、ここの作業を飛ばして先に顔をつくり、最後に縫い合わせる……❻に進む）。

 参考

★ 玉どめは人形の頭部の内側に入れて見えないようにする。

[図解]

★ ブランケットステッチの運針　　　★ 波縫いの運針

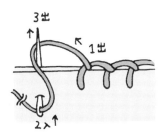 

★ 1本取り（縫い糸）　　　　　　　★ 2本取り（縫い糸）

★ 玉どめ：指先でつくる

①糸の先端をもち、人さし指に1回巻きます　②親指と人さし指をずらし　③糸をより合わせます　④より合わせたところを中指と親指で押さえて糸を引きます　⑤強く引き、かたく結びます

★ 玉どめ：針先でつくる

①糸を通した針の針先と糸端を合わせます　②針先に2回くらい糸を巻き　③巻いたところを指で押さえて　④針を引き抜きます　⑤糸を引き、結び目をつくります

❻ 人形の目や鼻などをつくる。

> 👆 **ポイント**
>
> ★ 動物の特徴をとらえるようにする。
> ・たとえば、「ゾウの鼻は長い」「ウサギの耳は長い」「パンダの白目のまわりは黒い」などの特徴をとらえる。
>
> ★ 図のように顔と胴体を2等分するとバランスがよい。
> ・顔を大きくつくると動物の顔に見えなくなってしまう。
>
>

❼ 目を木工用ボンドで貼りつける。

> ⚠️ **注意**
>
> ★ 目や鼻などは配置を決めてからボンドで貼りつけよう。
> ・位置を決めずにボンドを塗ってつけたりはがしたりしていると、ボンドが固まり貼りつかなくなるので、何度もやり直したりしないようにする。
>
> ★ 目は、白目に黒目を入れるようにして正面を向けるようにする（下図）。
>
> 【○よい例】　【×悪い例】
>
>
>

応用

● 刺繍して口やヒゲ、へそをつくる

・パンダの口、ネズミやネコのヒゲ、タヌキのおへそなどは、フェルトでつくって木工用ボンドで貼りつけるよりも、糸で刺繍するほうがきれいにつくることができる。刺繍した後は、手順の❺を参考にフェルトを縫い合わせよう。

❽ ここまで使用した目の色（白、黒）以外に2～3色程度のフェルトを使用して人形を完成させよう。

（3）人形の動かし方

　フェルト人形の使い方は、指にはめて動かすだけです。簡単な操作で向き合った子どもとおはなしをしているように見えます。

（4）保育のなかでの生かし方

①子どもたちとおはなし

　小さいサイズのフェルト人形はポケットに入ります。そっと忍ばせておいて、泣いている子どもに話しかけてみましょう。きっと泣き止んで笑顔を見せてくれるでしょう。

②フェルト人形で手遊び

　手遊びにフェルト人形を登場させるとより一層楽しくなります。みなさんはフェルト人形でどのような手遊びをしますか？　子どもたちの笑顔を想像しながら考えてみましょう。

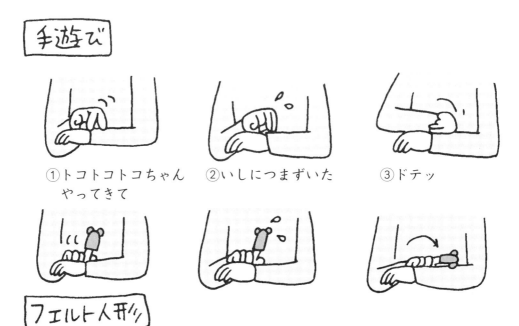

手遊び

①トコトコトコちゃん　②いしにつまずいた　③ドテッ
　やってきて

フェルト人形

トコトコトコちゃん

鈴木 克枝 原曲
山本真理子 編曲

手遊びはピアノの伴奏などをせずに歌って伝えていくので、耳で聴いたメロディや歌詞が少しずつ変化していくことがあります。子どもたちと一緒に楽しく遊びましょう。

3 ★ 手袋人形

完成図

(1) 手袋人形の特徴

①身近な素材で簡単につくることができる

　手袋人形をつくる際におもに必要なものは、カラー手袋、綿、ボタン、裁縫道具です。カラー手袋はさまざまな色があり、手芸店やホームセンターで購入することができます。

　人形の頭には綿を入れるので立体的で、存在感があります。さらに、やわらかな触り心地があり、子どもが家庭で慣れ親しんだぬいぐるみのような安心感があります。きっと子どもたちも使ってみたくなるでしょう。全体的に縫ってつくるので、しっかりとしあがり、ていねいにつくれば子どもが触っても壊れません。

②簡単に使える

　手袋人形は手を入れて動かします。手首を曲げるだけで「こんにちは」とあいさつをすることができます。人形と子どもの視線を合わせるようにして話しかけると、まるで人形がお話をしているような感覚に引き込まれ、返事をしたくなる気持ちになるでしょう。

③いろいろな場面で使える

　豊かな表現ができる手袋人形は、少人数の保育室でも多くの子どもたちが集まるホールや広い遊戯室などでも使うことができます。内容も簡単なお話だけでなく、園の行事で演じる台本を必要とするような本格的な人形劇なども演じることができます。

(2) 手袋人形の頭をつくる

ここで使うもの
- カラー手袋（片方）
- 白糸（8番カタン糸）
- 赤い刺繍糸
- 化繊綿（35g程度）
- 布団針（約6.5cm：1本）
- ボタン（黒色、半玉直径1cm：2個）
- フェルト（5cm×10cm）
- ハサミ
- ミシン

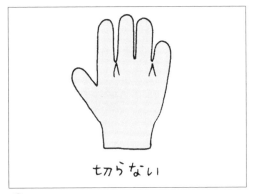

❶ 手袋を裏返しにする。このとき、指の間から出ている糸は切らない。

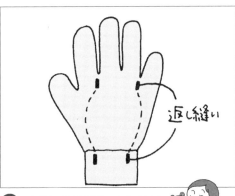

❷ 人形の頭の形に合わせて手袋をミシンで縫う。

ポイント
★ ミシンで縫う線を手袋に描くと、表に返したとき、描いた線が透けて見えてしまうので、描かないようにしよう。

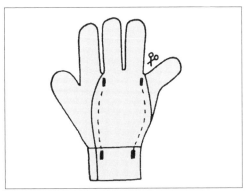

❸ 図のようにミシンの縫いしろ約1cmのところを切る。

注意
★ 指の間の糸は切らない。
★ ミシン目は切らない。
★ 指（親指、人差し指、小指）は、人形の両手としっぽづくりに使うので保管しておく。

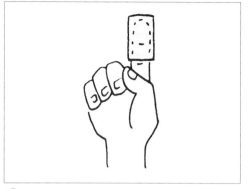

❹ 人形の首の筒をつくる。まず、人差し指の第二関節までの大きさでフェルトを巻きつけ、その大きさで切り取る。

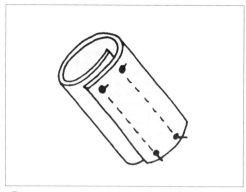

❺ 切り取ったフェルトの巻き始めと終わりの部分を波縫いする。

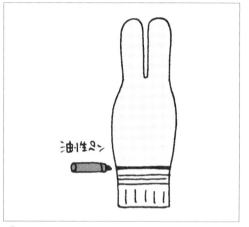

❻ 手首のゴムの上（約1cm）に油性ペンで線をひく。

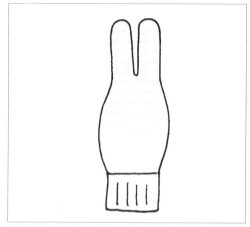

❼ 手袋を表に返す。

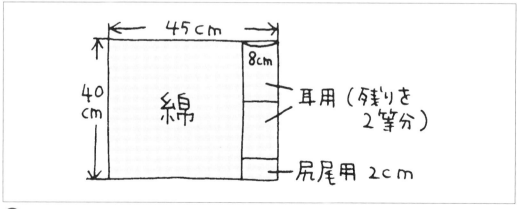

❽ 綿を広げて耳と尻尾用に約8cm幅で切り取り、図のように3つに分ける。

❾ 耳用の綿をロールケーキのように巻いて親指で耳のなかに押し込む。

⚠ 注意
★ このとき綿をちぎって詰めていくと耳にくびれがいくつもできてしまう。

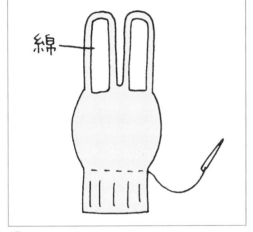

❿ 波縫いで、手順❻で書いた線に沿って縫う（糸は2本どり）。1周縫い終わったところで玉どめせず、針を通したままにしておく。

👉 ポイント
★ 折り紙の座布団折りを3〜4回くり返す要領で丸いかたまりにしよう。

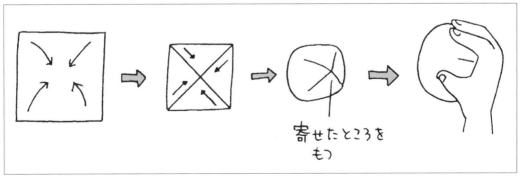

⓫ 綿の四隅の角を中心に集まるようにまとめて大きな丸いかたまりをつくる（人のこぶしくらいの大きさにしよう）。

3　手袋人形

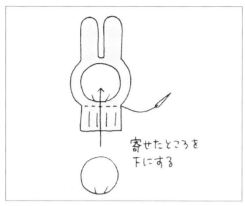

⑫ 軍手の手首の口を広げながら綿のかたまりをつめる。綿のかたまりは、仮縫いした部分より上に押し上げる。

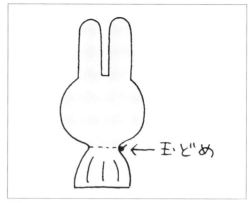

⑬ 仮縫いした糸を絞って、大きな玉どめをつくる（絞ったときに自分の人差し指が入るようにする）。

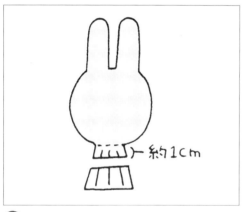

⑭ 手袋の手首の部分を約1cm残して切り取る。

⑮ フェルトでつくった首の筒を人差し指にはめて手袋の手首の部分（人形の頭）にねじ込み切り口をそろえる。

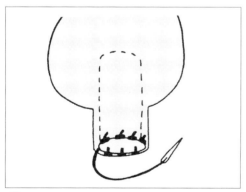

⑯ 手袋の手首の切り口とフェルトでつくった首の筒をかがり縫いする。

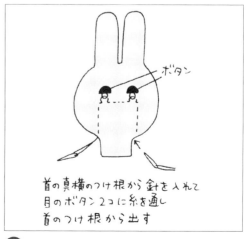

⑰ 布団針をつかって目（ボタン）を縫いつける（糸は2本どり）。

> **ポイント**
> ★ 顔の上下まんなかより下に目をつけ、人形のおでこを広くとるとかわいらしくなる。
> ★ 人形の首の部分から針を刺して、反対側の首から出すようにする。
> ★ 指でボタンを押さえ糸を引っぱり、ボタンをくい込ませて大きな玉どめをつくる。

⑱ 赤い刺繍糸で口を縫う。

> **ポイント**
> ★ 目（ボタン）のときと同様にして、人形の首の部分から針を刺して、反対側の首から出して玉どめをつくる。
> ★ 手順⑱の図以外にも口はいろいろ考えられる。このほかにも考えてみよう。

MEMO

（3）手袋人形の服をつくる

 ここで使うもの
- 手袋人形の型紙
- ミシン
- 白糸（8番カタン糸）
- 人形の服用の布（40cm×25cm）
- 布団針（6.5cm：1本）
- ハサミ

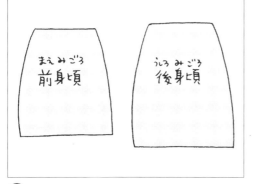

❶ 拡大コピー（133％）した本書付録の型紙を使用して布を裁つ。

 ポイント
★ 型紙は、本書から切り離し、指定の倍率でコピーして使用する。
★ 服の布の色や柄は、これからつくる人形のキャラクター（男の子、女の子）を考えて選ぶようにしよう。

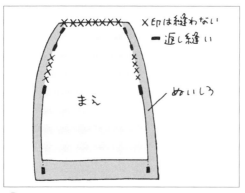

❷ 布を2枚あわせて「なかおもて」にしてミシンなどで縫う。

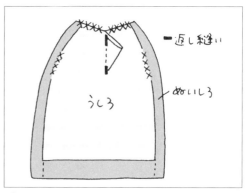

❸ 後身頃にダーツを縫う。

 注意
★ このとき、首の部分、裾（すそ）の部分、手を差し込む部分（バツ印の部分）は縫わないようにする。

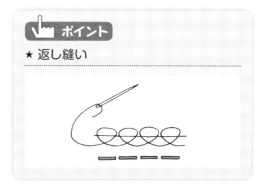 ポイント
★ 返し縫い

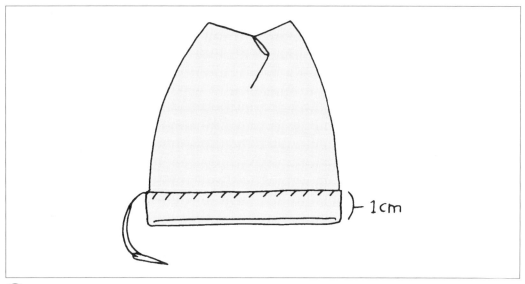

❹ 裾を約1cm折り返し、まつり縫いして人形の服を仕上げる。

(4) 手袋人形をしあげる

> ここで使うもの
> ・カラー手袋の指（親指、人差し指、小指）
> ・布団針（6.5cm：1本）　・まち針　・白糸（8番カタン糸）

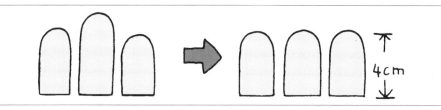

❶ カラー手袋の指（3本）を表に返し約4cmに切りそろえる。

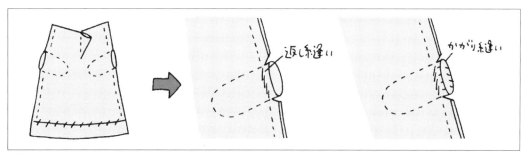

❷ 人形の服は裏返しのまま、カラー手袋の指を差し込んで、まず1周返し縫いをし、さらにかがり縫いする。これが人形の手になる。

❸ 服の布を表に返す。

❹ 服の首の部分を約8mm内側へ折る。

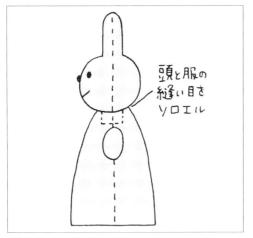

❺ 人形の頭（カラー手袋）の縫い目と服の縫い目を合わせる。

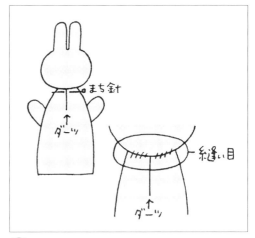

❻ 服のダーツと人形の頭の真後ろを合わせたら、まち針で固定する。頭の縫い目から反対側の頭の縫い目まで首のつけ根と服の折り返しを縫い合わせる。

> ⚠ **注意**
> ★ このとき人形の頭が正面に向いた状態になるように縫い合わせる。服に対し、曲がった状態で縫ってしまうと人形が斜め前を向いている状態になってしまう。
> ★ 人形の頭の玉どめが隠れるように縫う。

❼ 服と人形の頭の前の部分を合せたら、まち針で固定する。頭の縫い目から反対側の頭の縫い目まで首のつけ根と服の折り返しを縫い合わせる。

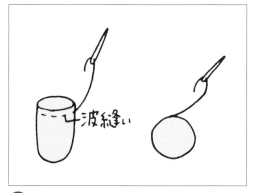

> **ポイント**
> ★ 糸を絞るときに、切り口からはみ出す部分はなかに入れるようにして丸くする。

⑧ 残ったカラー手袋の指に綿を入れて、切り口を波縫いして糸を絞る。これが人形のしっぽになる。

> **ポイント**
> ★ キャラクターに合わせて、ネクタイやリボンなどをつくって人形を飾ると、かわいらしくすることができる。

⑨ 服（背中）の中央あたりにしっぽを縫いつければ完成。

MEMO

(5) 人形の動かし方

　手袋人形の使い方は、図のような2種類の手の入れ方が代表的な方法です。動かしやすいほうで使ってみましょう。

親指（手）　人差し指（頭）　中指（手）

親指（手）　人差し指（頭）　小指（手）

(6) 保育のなかでの生かし方

　子どもに行事を説明するときに手袋人形を使うという場面での台本を示します（ここでは、舞台を使用せずに人形を手にはめて子どもに語りかけることにします）。このほかにもいろいろな保育の場面で使うことができると思います。簡単な台本を書いて人形を活用してみましょう。

「えんそく♪　えんそく♪　うれしいな♪」

金城　久美子作

登場人物　先生（保育者）
　　　　　うさぎのぴょんちゃん

先　生　ぴょんちゃん、明日はなんの日ですか？
ぴょん　明日は遠足でーす！
先　生　そうね。明日は遠足です。みんなでバスに乗って○○公園に行きます！
ぴょん　わーい！　とても楽しみ！
先　生　もってくるものは何かしら？
ぴょん　えっと……。ハンカチ、ティッシュ……
先　生　それと？
ぴょん　ボール遊びがしたいからボール！
先　生　あら、ぴょんちゃん。ボールやおもちゃはもってきちゃだめよ。
ぴょん　そうかぁ、えへへ。
先　生　お昼は何を食べるのかな？
ぴょん　先生のお弁当！
先　生　あはは！　違うわよ。ぴょんちゃんもお弁当と水筒をもってきてね。
ぴょん　わーい！　♪お弁当　お弁当　うれしいな〜。
先　生　たくさん遊んで、みんなでおいしいお弁当を一緒に食べましょう！
ぴょん　楽しみだなぁ。あ〜、楽しみでワクワクだなぁ♪
先　生　明日の朝、寝坊しないように、今晩は早く寝ましょうね！
ぴょん　はーい！

Column　保育と人形の会

　この手袋人形のつくり方は、「保育と人形の会」のつくり方を参考に、授業の時間のなかでつくることができるようにしています。
　「保育と人形の会」は、人形劇団「太郎座」で人形劇の公演などをしながら、子どもの本（地域文庫）をはじめ子ども会活動など、子どものための活動をしていた高田千鶴子さんが中心になって、1974（昭和49）年に設立されました。育児のなかで、また幼稚園、保育所、図書館などの場で、人形づくりとその楽しみ方を広く伝えています。『手ぶくろ人形の部屋』（高田千鶴子著、偕成社）が参考になります。

PART 2
★
人形劇をつくる

　球体の発泡スチロールとタオルを使って、人形劇で使う自分の人形を一人ひとりつくります。その後、グループごとに上演用の台本を書き、照明設備を備えた人形劇用の舞台を使って発表をします。

　保育者が演じる人形劇として、個人の人形づくりからグループでの発表まで、文学（台本づくり）、造形・美術（人形づくりや大道具、小道具づくり）、音楽（劇で使う音楽の選曲や効果音探し）、照明（効果的なプランの検討）などの「表現」を劇全体のなかでバランスよく組み合わせることを実践的に学びます。

　ひとつ普通の劇づくりと違うところがあります。それは、台本ができる前に人形をつくってしまうことです。役に合った人形をつくるのではなく、将来、保育のなかで使うことを考えながら、自分の好きな人形をつくります。同じグループのなかで、クマが多かったり、うさぎが多かったりということもあります。人形が完成したら、それぞれがつくった人形が登場する台本を書くことになります。授業での発表の後、人形は一人ひとりが別々に保育現場で使うことになりますので、このように特別なやり方をしています。

　人形で演じる人形劇は、人間が演じる演劇ととても似ています。多くの保育の場では、リズム遊びや、劇遊びの発表会があります。このような子どもが演じて遊ぶ場面で、人形劇をとおして身につく力を活用してください。

　保育者は、子どもたちがそれぞれの力を表現できるように、また全員が主役になれるように工夫します。この授業で、グループのメンバーが力を合わせて作品づくりをし、発表することは、保育者が子どもたちとともに劇的な表現活動を楽しく展開することにつながっていくことでしょう。

1 ★ 球体スチロール人形

完成図

（1）球体スチロール人形の特徴

　この人形のおもな素材は、球体の発泡スチロールとタオル（片面パイル地）です。これらは日用雑貨店、手芸店などで購入できます。発泡スチロールはカッターナイフで容易に削ることができます。本書で紹介する動物の人形は、顔になる部分（顔の正面）を少し削るだけで、その動物の特徴を出せます。発泡スチロールの表面にタオルを貼ることで、あたたかな手触りがあり、子どもに親しみのある表情をつくることが可能です。

　また、人形の動かし方も簡単です。基本的な動作をマスター（p.70）してしまえば、さまざまな表現が可能になり、子どもたちを人形劇の世界に引き込むことができるでしょう。さらに、材料が発泡スチロールとタオルですから、人形はとても軽くできています。人形を操作しているときの腕への負担も少なくて済みます。

(2) 下絵を描く

- レポート用紙
- 鉛筆（2B）

以下の図版を参考にしながらレポート用紙に3種類ぐらい下絵を描いてみよう。

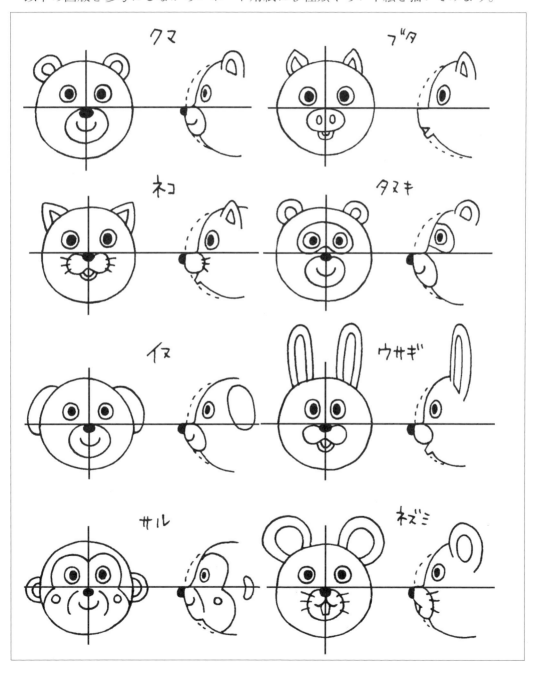

> ⚠️ **注意**
> ★ 正面・横向きの下絵は、横の線を引いてならべて描く。
> ★ 球体スチロールのどこを削ることになるのか考えながら下絵を描こう。

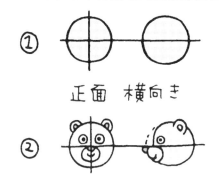

> 👆 **ポイント**
> ★ 人形の鼻の頭は、十字に引いた線の下に描くとバランスがよい。
> ★ 人形の鼻の頭は、別のスチロールを丸く削り、後からつけるので、球体のスチロールからとびだすように描こう。
> ★ 人形の耳は、別のスチロールを削り、後から球体のスチロールにうめ込む。

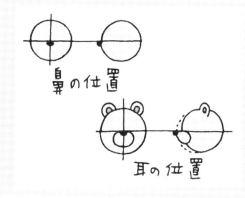

下絵を描いてみよう

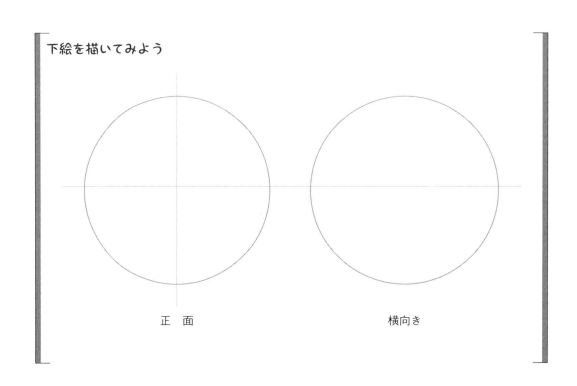

正　面　　　　　　　　　横向き

(3) 頭を削る

・球体スチロール1個（直径12cmのもの）
・デザインカッター　　・ボールペンや鉛筆（2B）

　球体スチロールをカッターで削り、人形の頭をつくりましょう。まず、ここではカッターのもち方、使い方を確認します。刃物なので扱いには注意しましょう。

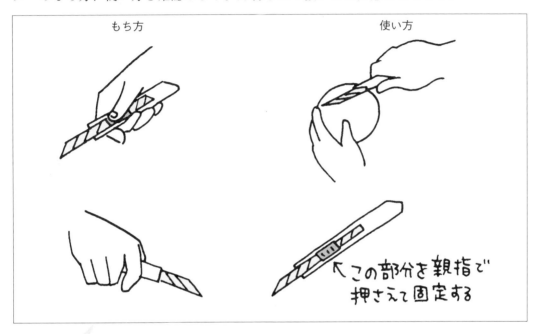

⚠ 注意

★ カッターの刃の先には、手（指）がないのが基本である。球体スチロールなどを押えている手（指）のほうへ向けて削ると、怪我をする恐れがあるので注意しよう。

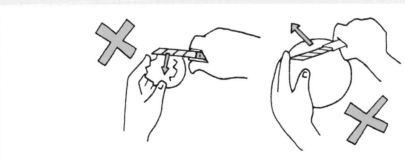

1　球体スチロール人形　35

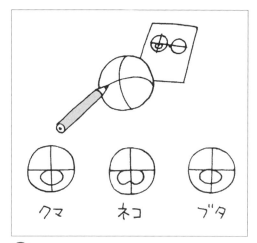

① 下絵を見ながら球体スチロールに線を描く。まず、球体スチロールに十字を描こう。次に、鼻の盛りあがっている部分。最後に耳をつけるところの目安を描こう。

> ⚠ **注意**
> ★ 水性インキのペンなどを使用すると汚れるのでボールペンを使う（油性ペンを使用するとスチロールが溶ける場合がある）。
> ★ 頭の後頭部は削らないので、十字は後ろまで描かないようにする。
> ★ 鼻は小さくなり過ぎないよう大きさに気をつけよう。削っていくうちに小さくなっていきがちなので、実寸より少し大きめに描くとよいだろう。

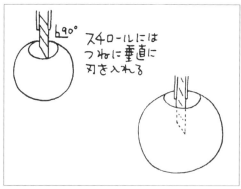

② 球体スチロールに対し、垂直にカッターの刃を2cm程度入れて、鼻の部分を描いた線に沿って切込みを1周入れる。

> 👆 **ポイント**
> ★ 片方の手でしっかりスチロールを押えて、回転させながら切込みを入れるとよい。
> ・このとき、スチロールの下に紙や鉛筆などがあると滑ってしまうので作業するときは何もおかないようにする。
> ★ カッターは線に沿ってノコギリのように動かしながら切り進めるようにする。

> ⚠ **注意**
> ★ 球体スチロールを押えている手をケガすることが多いので注意する。
> ・切込みを入れる方向に手（指）がないことを確認しながら作業を進めよう。

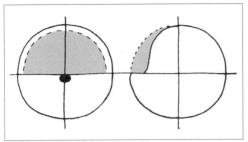

③ 人形の目、おでこの部分を凹凸が出るよう削る。

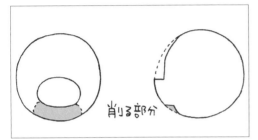

④ 鼻の下の部分を浅く削る。

> ⚠ **注意**
> ★ 目やおでこの部分に比べて鼻の下の部分を削りすぎないように注意する。

> 👉 **ポイント**
> ★ 鼻のすぐ上の部分から少しずつ削り始めるとよいだろう。
>
> ・削る場所を徐々に広げていくほうが失敗しない。
>
>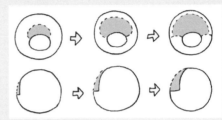
>
> ★ 後頭部は削らない。
>
> ★ 削った面には、下図のような凹凸が生じる。これをていねいに削って丸みをだそう。
>
>

MEMO

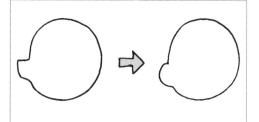

❺ 鼻の周囲の盛りあがった部分の角を削り丸みを出す。

> **応用**
>
> ● ネコ（ひょうたん型）やブタ（大きな鼻）の削りだし方
>
> ①ネコもクマと同じように描いた線に沿って削りだしていく。
>
>
>
> ②ひょうたん型の線の真ん中に切込みを入れ、周囲を面取りしながら丸みを出していく。
>
>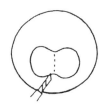
>
> ③ネコのひょうたん型の鼻を削りだしたら完成。
>
>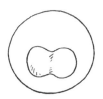
>
> 面取りしながら
> みぞをつくる

> **ポイント**
>
> ★ 料理でいうと「大根の面取り」にあたる。このひと手間が人形のできを左右する。面取りをすることで人形らしい丸みをだすことができる。
>
>
>
> ★ 人形のくちびるは、頭全体に布を貼ってから、布を巻いたものを木工用ボンドでつけるので、ここをカッターで削りだす必要はない（p.50参照）。
>
>
> あとからつける

> **ポイント**
>
> ★ ブタの場合は面取りしない。鼻の仕上げに穴を2つあけるとブタらしくなる。

(4) 耳・鼻の頭を削る

・スチロール（耳・鼻用）　・ボールペンや鉛筆（2B）
・デザインカッター　　　　・楊枝（ようじ）

①耳を削る

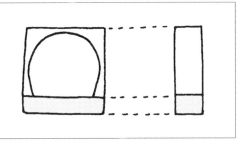

❶ 下絵を見ながらスチロールに耳を描く。

> **ポイント**
> ★ 削っていくうちに小さくなりがちなので、ここでも少し大きめに耳を描くようにする。

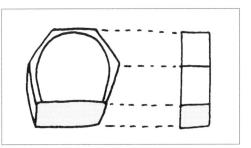

❷ カッターをスチロールに対して垂直に入れて四隅を切り落とす。次に、描いた線に沿って耳の形に削り取る（この時点では、横から見るとまだ四角い状態）。

> **ポイント**
> ★ 三角形の耳をつくる場合は、カッターをスチロールに対して垂直に入れて一気に切り取るようにする。
>
>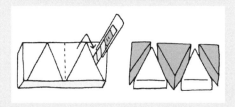

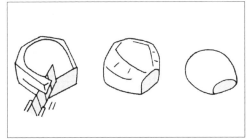

❸ 横から見て耳に丸みをもたせるように面取りをする。

> **ポイント**
> ★ 人形の頭にボンドでつける下側の部分は削らないようにする。
>
>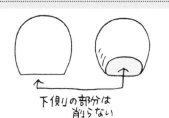
> 下側の部分は削らない

1　球体スチロール人形

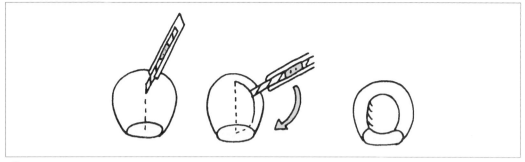

❹ 耳の内側にくぼみをつくる。まず、中央にカッターで切込みを入れる。丸く1周えぐり取るようにする。面取りをしたら完成。

②鼻の頭を削る

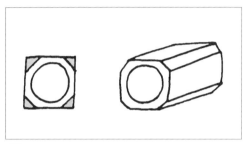

❶ スチロールの角を切り取る。

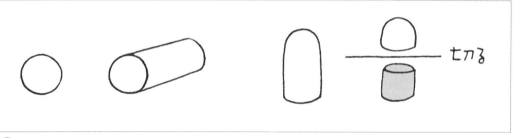

❷ さらに角を削り取りながら円柱形にして、片側を丸くする（ドーム型）。丸く削りだしたら鼻の頭の長さを考えて切り取る。

❸ 折った楊枝を鼻の頭に差し込む。

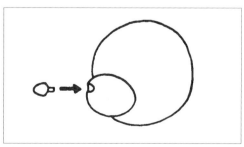

❹ 鼻に鼻の頭を差し込むくぼみをあけ、人形の頭に仮どめしておく。

（5）頭に耳をつける

・ボールペン　　・デザインカッター
・ハサミ　　　　・楊枝（ようじ）

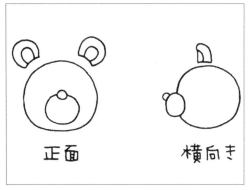

❶ 耳をつける位置のバランスを確認する。

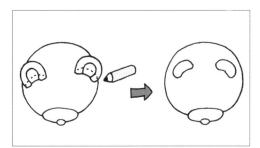

❷ 耳の底の形を頭に写しとる。

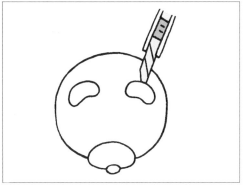

❸ カッターの刃を垂直に入れ、線に沿って切り込みを入れる。

ポイント

★ 人形の頭の正面・横向き、両方から確認する。

・人形の頭を横から見たときに耳が中心になるようにするとよい。さらに、頭を正面から見たときにバランスのよい位置を確認しておこう。

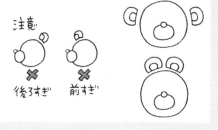

ポイント

★ 球体スチロールに対して垂直にカッターの刃を入れないと、この後の作業を行った際に穴がすりばち状になってしまい、耳を取りつけることができなくなる。

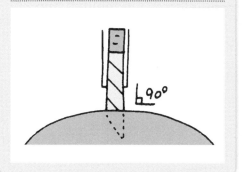

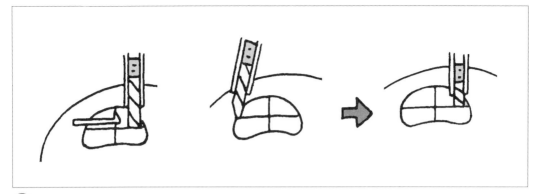

❹ 耳の底の線に対して十字に切り込みを入れる。

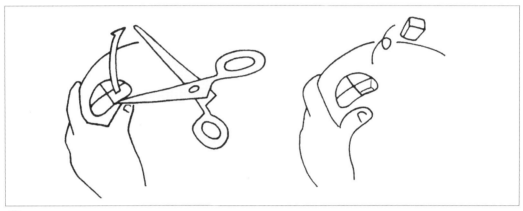

❺ ハサミの刃などを切り込みの隙間に差し込み、親指に刃を当てて押し上げ（てこの原理）取りはずす。

> ⚠ 注意
> ★ カッターでやると刃が折れてしまうことがあり、飛び散った刃でケガをする恐れがあるので絶対にしないようにする。

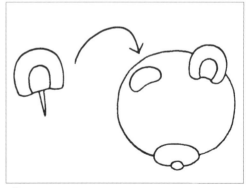

❻ 人形の頭と耳に楊枝で穴を開け、耳に楊枝を差し込み、球体スチロールに取りつける（ここでは仮どめにする）。

(6) 頭にタオルを貼る

- タオル（片面パイル地　35cm×30cm）1枚
- 木工用ボンド
- ハサミ
- 筆（水彩用ナイロン平筆）
- デザインカッター

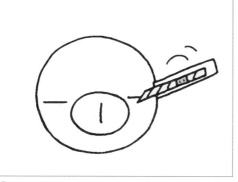

① 人形の頭に削り残した線をカッターでうすく削ぎ取る。残したままタオルを貼ると頭に描いた線が透けて見えてしまう。

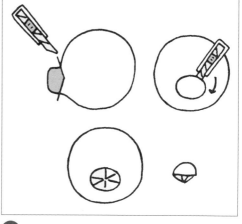

② 頭の鼻の周囲を図のようにカッターを斜めに入れて円錐状に切り取る。

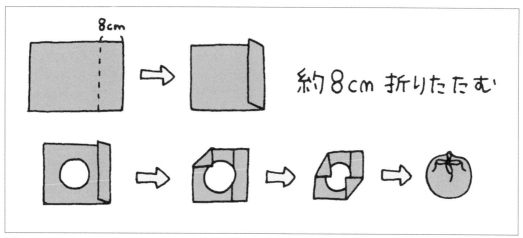

③ タオルの端を約8cm折りたたみ、人形の頭が包めるか確認する。包めない場合は、折りたたんだところで調整する。

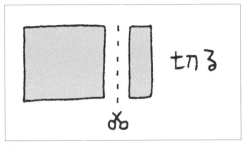

❹ 前の手順で確認したタオルの端(約8cm)をハサミで切り取る。

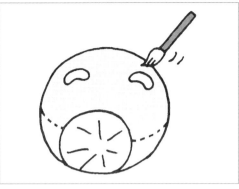

❺ 人形の頭の上半分に木工用ボンドを塗る。

> ⚠ 注意
> ★ ボンドは筆でうすくのばしていく。ボンドを厚く塗りすぎると、タオルを貼った後にしみ出てきてしまう。
> ・しみ出たボンドが固まるとタオルが変色したり、パイルがカチカチに固まりしあがりが悪くなる。
> ★ 耳と鼻のくぼみのなかにはボンドをつけない。

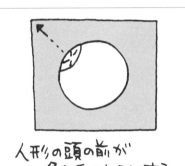

人形の頭の前が角を向くようにする

❻ 頭のボンドをつけたほうを下にして、図のように顔の正面がタオルの角に向くように置く。

> ⚠ 注意
> ★ タオルの表裏を確認しよう。ここでは、パイルのないほうを上向きに置き、ボンドで頭と接着する。

> 👆 ポイント
> ★ タオルの裏をあわせるようにつまんで、必ずしわを4本つくろう。
> ★ 耳と鼻のくぼみにはボンドをつけていないので浮いた状態になっている。

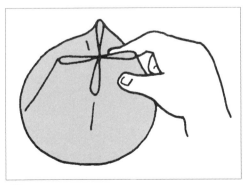

❼ タオルの四隅の角が首に集まるように包み、しわを4本つくる。

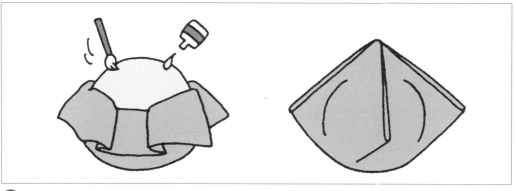

⑧ タオルを一度開いて、ボンドをつけていない頭の残り半分にボンドを薄くのばしていく。もう一度閉じて、手順❼のようにしわを4本つくる。

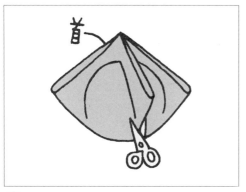

👆 ポイント
★ タオルとタオルの端をピッタリとつけてきれいなしわをつくる。

⑨ 球体スチロールにハサミの刃を軽く押し当てながら、4本のしわを切り取る。

👆 ポイント
★ 端切れは、ほかの部分をつくるときに使用できるのでなくさないようにしよう。
★ 切ったタオルの合わせ目を、ハサミで軽くこすりながら押えていくと、きれいに仕上げることができる。

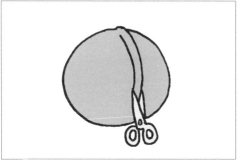

⑩ ハサミで切り取った跡や、タオルが盛りあがったところをきれいに切り取る。

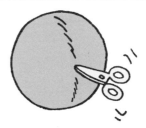

★ タオルの切り残しがあると表面がでこぼこになるのできれいにしあげよう。

1 球体スチロール人形

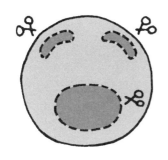  

⓫ 耳と鼻をつけるところをハサミでタオルを切り取る。

 ポイント

★ 耳と鼻をつけるくぼみの内側に少しタオルが残るように切り取ろう。

・残したタオルはくぼみのなかに折り込むようにする。こうすることで、スチロールの白い地肌が出ることがなくなり、きれいに仕上げることができる。

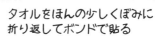

MEMO

（7）鼻や耳にタオルを貼る

 ・タオル（片面パイル地、端切れ）　・木工用ボンド
・筆（水彩用ナイロン平筆）

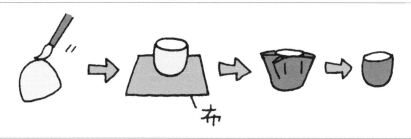

❶ 鼻の頭のスチロールに木工用ボンドを筆でうすくのばし、タオルを貼る。

❷ 鼻も❶と同様にしてタオルを貼る。

ポイント

★ 人形の頭に接着するほうにはタオルを貼らない。ただし、横から見てもスチロールの白い地肌が見えないようにするため、図のように少し内側にタオルを折り返して貼るようにしよう。

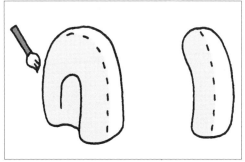

❸ 耳のスチロールの内側に木工用ボンドを筆でうすくのばし、タオルに置く。

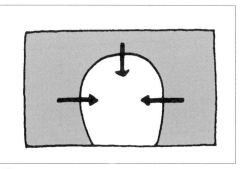

❹ 人形の頭をタオルで包んだときと同様の要領で、耳をタオルできれいに包む。

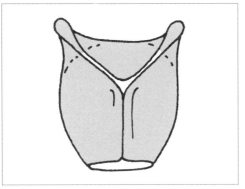

5 耳の裏側のタオルをつまんでY字型のしわをつくる。

6 しわを一度開き、耳の裏側に木工用ボンドを筆で薄くのばし、前の手順と同じ要領でY字型のしわができるようにきれいに貼っていく。

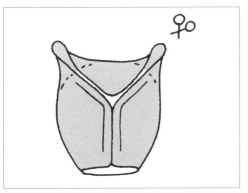

7 Y字型のしわをハサミで切り取る。

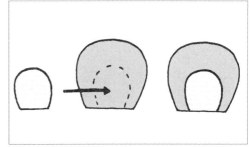

8 耳の内側に違う色のタオル(端切れ)やフェルトを木工用ボンドで貼れば完成。

MEMO

(8) 頭に鼻・目・耳をつける

ここで使うもの
- 白色フェルト（白目用）
- 黒色フェルト（黒目用）
- 赤色フェルト（口用）
- 木工用ボンド
- 楊枝（ようじ）

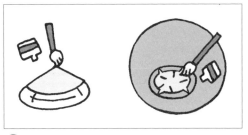

① 鼻の内側のスチロール面と人形の頭のくぼみに木工用ボンドをつける（ここでは、多めにボンドをつけるようにしよう）。

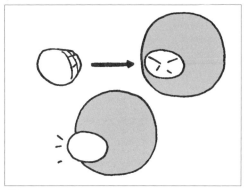

② 人形の頭に鼻をつける。

③ 鼻の頭も同様にして木工用ボンドをつける。次に半分に折った楊枝を接着面のほうに差し込む。

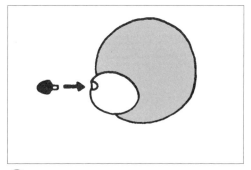

④ 人形の頭の鼻を差し込む部分と楊枝に木工用ボンドをつけて接着する。

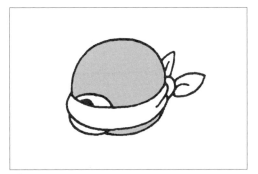

⑤ 木工用ボンドが乾くまで端切れなどを人形の頭に巻きつけて鼻の部分を押える。

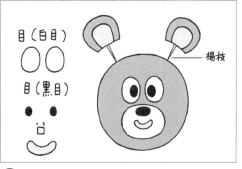

⑥ 鼻が乾いたら、目（白目に黒目を重ねる）と口をつくり、木工用ボンドで貼り耳を取りつければ人形の頭が完成する。

 応用

● ヒゲのつけ方

ここでは、ネコなどのヒゲや、ひょうたん型のくちびるのつけ方を解説する。

 ここで使うもの　・丸ゴム（黒）　・デザインカッター　・木工用ボンド
・ハサミ　・楊枝（ようじ）

①約24cmの丸ゴムを6等分して長さ4cmぐらいのヒゲをつくる（左右3本ずつ作成する）。

②人形の頭にはタオルが貼られているので、ヒゲをつけるところにカッターで小さく切れ込みを入れる。

③切れ込みを入れたところから、ヒゲをつける角度で楊枝を差し込み、穴をあける。

④前の手順で開けた穴とヒゲの先にボンドをつけて、ヒゲの先端を楊枝で巻き込むようにして穴に押し込む。

⑤ヒゲをハサミで切りそろえて長さを調整する。

● くちびるのつけ方

ここでは、ネコなどのひょうたん型の鼻のくちびるのつけ方を解説する。

①くちびるの大きさに合せたタオル（端切れ）を用意し丸めてボンドで貼りつける。

②ひょうたん型の鼻の下に図のようにボンドで貼りつければくちびるが完成する。

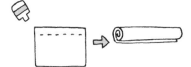 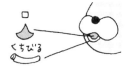

(9) 胴体と首をつくる

- 型紙（本書の付録）　・タオル2枚　・ハサミ　・まち針
- キルティング2枚　・裁縫道具（ミシンでも可）

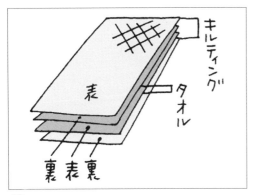

❶ キルティング2枚、タオル2枚を上図のように布地を重ねる（このとき布地の表・裏に気をつけて重ねる）。

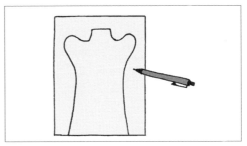

❷ 拡大コピー（142％）した本書付録の型紙をあてて布地に写す。

> ⚠ **注意**
> ★ 人形の胴体の首、手のところに余白が残るようにしよう。ミシンで縫うため余白が必要になる。

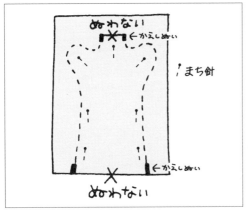

❸ 布地に写した線をミシンで縫う。太い実線で示した部分は返し縫いする（4か所）。

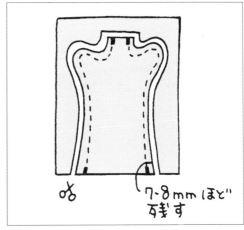

❹ ミシンで縫った縫い目から外側を7〜8mmほど残して切る。

★ 端切れ（切り落とした布きれ）はこの後使うので捨てないようにしよう。

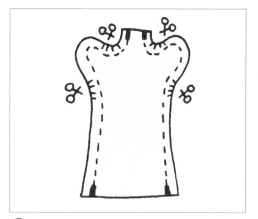

❺ 胴体の肩と脇の部分（図参照）に切込みを入れる。

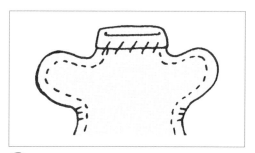

❻ 首の部分のパイル地とキルティングを折り返してまつり縫いをする。

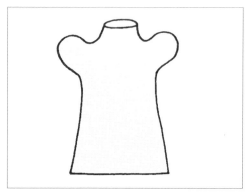

❼ 胴体の布を表に返す。

 注意

★ ミシン目を切らないようにする。ミシン目を切ってしまうと、重ねて縫った布が、そこからバラバラになってしまうので注意しよう。

ポイント

★ まつり縫い

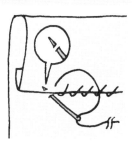

ポイント

★ 脇の下に引きつった線が入る場合は❺の切込みを再度入れる。

★ 首の部分をしっかり胴体から出して表に返すようにしよう。

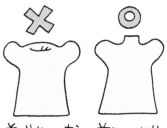

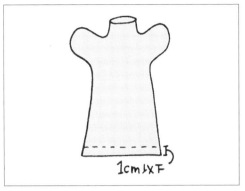

⑧ 胴体のすその部分を折り返してまつり縫いをする。

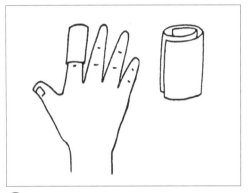

⑨ 自分自身の利き手の人差し指の第2関節で止まるようにケント紙を巻きつけ木工用ボンドで止めて首の筒をつくる。

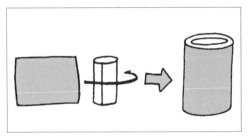

⑩ ケント紙でつくった首の筒にタオルを一重に巻きつけ木工用ボンドで止める。

注意
★ すその折り返しを大きくすると胴体が短くなってしまうので、折り返しは1cm程度にするとよい。

ポイント
★ ケント紙を図のように机の角に押しあてながら勢いよく下側へ引くとケント紙が巻きつく。

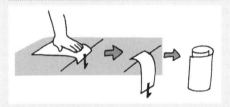

★ このときに筒を太くつくってしまうと、人形を操作するときに首の動きに支障がでる。

注意
★ タオルが重ならないようにケント紙の首の筒に巻きつけよう。重なってしまうとそこに厚みができてしまうので注意する。

1 球体スチロール人形

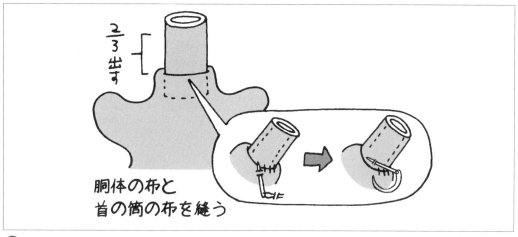

⑪ 胴体の首と首の筒の布の部分を縫う。胴体から針を入れて首の筒に針を沿わせるようにまつり縫いをする。

(10) 人形の頭と胴体をつなぐ

・カッター
・木工用ボンド

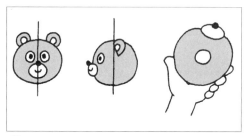

❶ 首の穴をあけるところに印をつける。図のように、正面から見ても横から見ても中心となる位置に首の筒を押し当て跡をつけ、穴をあける位置の目安にする。

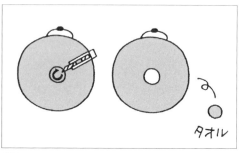

❷ 前の手順でつけた跡にカッターで丸く切り込みを入れ、タオルだけをはがす。

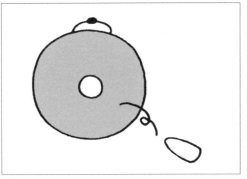

❸ カッターでスチロールを削り、首の筒が入るように穴を開ける。

ポイント
★ 半田ごてがある場合は、スチロールを溶かして穴を開けてもよい。作業中のこて先は熱くなるのでやけどに注意しよう。

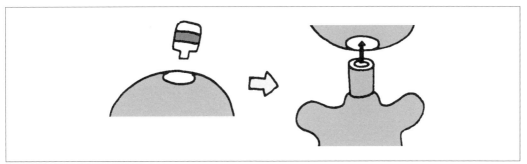

❹ 人形の頭に開けた首の穴の内側に木工用ボンドを多めにつけ、胴体の首の筒を差し込む。

❺ 人形の頭と胴体の向きを正面に合せたら完成。

ポイント
★ 完成したら人形の洋服をつくってみよう。洋服を着せ替えることによって、人形を男の子にも女の子にもすることができる。

ポイント
★ 首の筒は人形の首ではないので、根元までしっかりと差し込んで首の筒が見えないようにしよう。

1 球体スチロール人形

> **応用**

● ゾウのつくり方 ──やわらかい素材でつくる耳と鼻──

　ゾウの耳・鼻、タレ耳のイヌ、コアラの耳などは、クマやブタなどに比べて大きくつくる必要がある。もちろんスチロールを削りだす方法でも、これらの動物の耳をつくることはできるが、大きな突起物になるので持ち運ぶときなどに破損しやすくなる。そこでスチロール以外のやわらかい素材を使用し、壊れにくい耳・鼻をつくる方法を説明する。

①裏地を表にした状態で、布をふたつ折りにして耳の形を描く（ここではゾウの耳を例に解説する）。

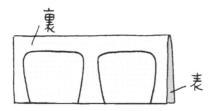

> **注意**
> ★ 縫った後、裏返して布の表側をだすようにする。ここでは、耳の形を実際のできあがりの寸法より少し大きめに描くとよい。

②線の上をミシンで縫う。

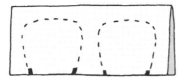

> **ポイント**
> ★ 縫いはじめと終わりは、返し縫いをする。

③ミシンの縫い目から約5mm外側を切る。

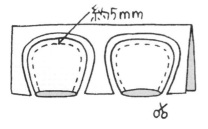

④裏返して布地の表に返す。

⑤厚みをだすために、袋状になっているなかにウレタン（スポンジ）や胴体で使用する端切れなどを入れる。鼻も同様にしてつくる。

7mmくらいの厚さのウレタン

⑥目などの位置を決めてから、鼻を取りつける位置を決めて仮どめする（最終的にボンドでつける）。

⑦作成した耳と同じ長さ（埋め込む部分）の線を人形の頭に描く。

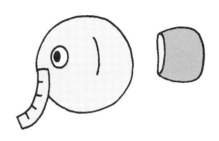

⑧カッターを垂直にあて、人形の頭に描いた線に沿って切り込みを入れる。

⑨切り込みを入れた少し後ろ側（人形の頭に対して）に同じ長さの切り込みを入れる。

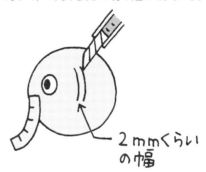

2mmくらいの幅

⑩2本の切込みの両端に、カッターで切込みを入れる。

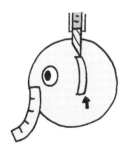

> ⚠ 注意
> ★ 2本の切り込みの間隔を広くすると耳が外れやすくなるので注意しよう。この幅の溝で耳を差し込めるかどうか、と思うぐらいの幅でちょうどよい。

⑪切込みを入れたところを取り出して人形の頭に溝をつくる。

⑫耳を埋め込む部分と、人形の頭の溝にボンドをつけ、楊枝で耳を押し込む。

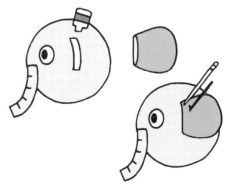

⑬手順の⑥で仮どめした鼻をボンドで取りつけて、乾いたらできあがり。

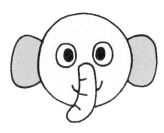

ポイント

★ すき間が空いていると耳が取れてしまう。

MEMO

応用

● カエルのつくり方 ── 大きな目をつくる ──

　ここまで解説してきた動物には、共通の特徴がある。それは、耳である。では、カエルはどうだろうか。もちろんカエルにも耳はあるが、これまでの動物と違い人形で表現できるほど大きな耳はない。しかし、カエルには特徴的な大きな目がある。耳のつくり方を応用して表現してみよう。

①下絵を描く。

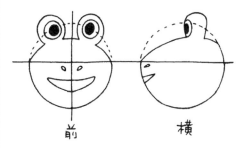

②球体スチロールに横から見た線を描き、線に沿ってカッターをまっすぐに入れる。または、スチロールの上のほうから少しずつ削って線に合せてもよい。

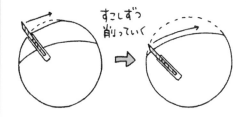

ポイント
★ 正面から見た絵より、横から見た絵のほうが人形の頭の形状がわかりやすい。

注意
★ 線の下のほうからカッターを入れると、顔の正面にくぼみができたり、バランスが悪くなったりする。

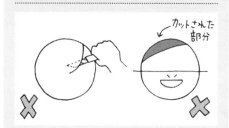

③正面から見て、元のスチロールと削った面の境を面取りして全体に丸みをつける。

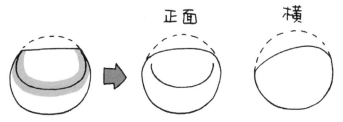

④5×10cmのスチロール片をふたつに切り、目の下絵を描く。つくり方はクマの耳と同じだが、正面のへこみはつくらない。

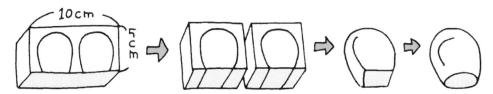

⑤目を貼りつける穴を開ける。カエルの目は下も丸いため、カッターで円すい状に削ってもよい。

⑥楊枝を目の下側に差し込み、人形の頭に仮どめする。

⑦口の上下の線に沿ってカッターを差し込み切る。

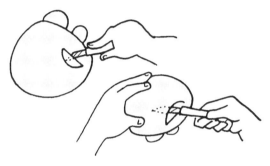

⑧口のなかのスチロールを取り出す。

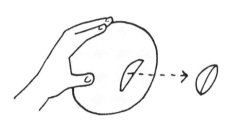

⑨口のなかに貼るタオルは、⑧で取り出したスチロールの上と下の面に合せて切ったものを用意しておく。

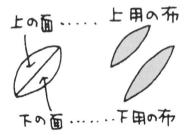

⑩目と頭にタオルを貼る。貼り方はクマと同じである。口のなかは⑨でつくったタオルを貼る。

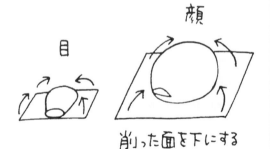

⑪ボンドで目を取りつけ、目に白と黒のフェルトを貼る。鼻の穴は、別の色のフェルトを貼ればカエルの頭が完成。

Column　先輩たちの声① ―人形づくりを終えて―

　子どもたちが、かわいいと思ってくれるようにつくることが大切。球体に布を貼るときには、シュウマイみたいにやるのがコツだと知りました。細かいところまで、ていねいにつくることで、人形にも愛着がわいたし、楽しかったです。

(N.O.さん)

　人形づくりは好きでしたが、手先が不器用なので時間がかかりました。茶色の生地だったので、はじめはクマにしようとしましたが、たくさんつくる人がいると思い、タヌキにしました。一番大変だったのは、タヌキのおへそと尾をつくったところです。タヌキの尾には、綿を入れて膨れているようにしました。人形を無事完成することができよかったです。

(S.K.さん)

　ひとつひとつていねいにやっていけば、最終的にはうまくまとまって、つくりあげることができるんだと、学ぶことができました。目の位置などで、同じ動物をつくっても、顔の印象がまったく違いました。一番大変だったのは、頭にタオルを貼ることでした。あそこがもう少しきれいにできたらなと後悔しています。

(M.K.さん)

　発砲スチロールを削るのがとても大変でした。削っているときは、最後までできるか不安でいっぱいだったけれど、完成が近づいて、その動物らしくなってきたときは、うれしくてがんばろうという気持ちになりました。人形の顔にカッターを刺すなど、おどろくことがあっても、完成したときは達成感でいっぱいになりました。

(T.O.さん)

　私はとても不器用なので、人形なんてつくれるのかと心配していましたが、細かい作業をしていくうちに、つくるのが楽しくなり、できあがったときは大きな達成感がありました。作業しているとき、先生方や友人にアドバイスをいただいて、とてもよい作品ができました。自分自身が人形のデザインから最後まで作業したので、とても愛着がわきました。母がつくった人形をもっていたので、自分がつくった人形があるというのは、とてもうれしかったです。

(Y.H.さん)

（11）保育のなかでの生かし方

①手の入れ方

　ここでは、完成した球体スチロール人形に手を入れてみましょう。手の入れ方は図解します（図版は、右利きの人を例に描かれています）。くわしい操作の仕方については、本書の「人形の基本的な操作方法」を参照してください（p.70）。

　人形は、人差し指で「人形の頭」、親指で「人形の左手」、中指・薬指・小指で「人形の右手」、指先ではなく腕を使い「人形の胴体」に動きをつけます。また、手首を使うことで「人形の腰」に動きをつけることができます。これらを組み合わせて人形が生きているように表現します。

②自己紹介

　実習先の園や就職先では、まず子どもたちに自己紹介をすることになります。

　そのときに、自分でつくった人形を子どもたちに紹介しましょう。自分の名前を早く覚えてもらうためにも、印象的な自己紹介にしたいものです。きっと新しい先生も楽しい友だち（人形）も、子どもたちとすぐになかよしになれるでしょう。

みなさん、おはようございます。先生のお名前は、○○○○です。先生は鬼ごっこが大好きです。たくさん一緒に遊びましょう。
(笑顔で。名前はゆっくりはっきりと言う)

今日はクマのくうちゃんというお友だちを連れてきました。あれ？ おかしいなぁ。あれ？ どうしたのかしら。
(人形を自分の体の後ろに隠し、すぐには出さない)

あ、そうか！ お友だちがいっぱいで、くうちゃん恥ずかしいみたい。みんなでくうちゃーんって呼んであげてね。
さん、はい！

(子どもたち　くうちゃーん)

はぁい。わっ、恥ずかしい！
(顔を出して子どもたちを見て、すぐ隠す)

あらあら、恥ずかしがり屋さんね。大丈夫よ。お友だちはみんなとても優しいわよ。
(人形に話すように)

もう一度みんなでくうちゃんを呼んであげましょうね。
さん、はい！

(子どもたち　くうちゃーん)

は……、はーい。
(恥ずかしそうに、顔を下に向けながら子どもたちの前に人形を出す)

くうちゃん　みんなに大きな声でごあいさつしましょうね。できるかな？

うん……。スーハースーハー。
（手首を曲げて人形の上半身を前後させながら深呼吸をする）
みなさん、おはようございまーす！

うわぁ！　くうちゃん、大きな声でごあいさつできましたね！
すごい！　○○先生とくうちゃんをよろしくね。いっぱい遊びましょう！

③絵本を選ぶ

　子どもたちは絵本を読んでもらう時間が大好きです。そこで、いつもは保育者が選ぶ絵本を、お友だちとして紹介した人形に選んでもらいましょう。大好きな先生が選ぶ絵本も楽しいのですが、お友だちの人形が選んだ絵本に、子どもたちは興味しんしんになることでしょう。

さぁ！　みんなで絵本を読みましょう。ここに3冊の絵本があります。今日の絵本は……お友だちのくうちゃんに選んでもらいましょう。

くうちゃんは何を選ぶかな？　くうちゃんはどの絵本を読みたい？

ん～……あ！　僕はこれが読みたいなぁ！

いいですね！　ではこのくうちゃんが読みたい「〇〇〇〇」を読みましょう。

 それではくうちゃん、ここでみんなと一緒に見ていてね。
（くうちゃんの席に座らせる）

MEMO

2 ★ 劇をつくる

｜(1) 舞　台

●舞台の構造と役割

　ここでは、以下の舞台を例に解説します。

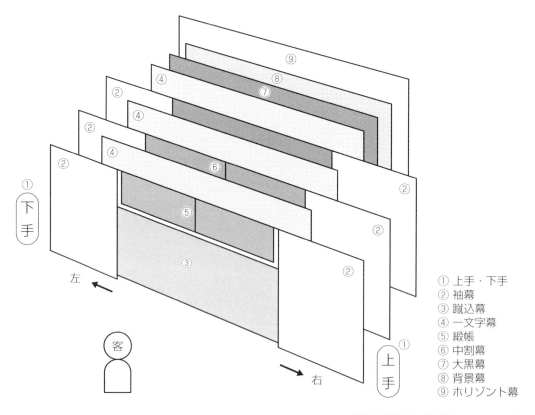

（聖徳大学児童文化演習室7202の舞台）

①上手（かみて）・下手（しもて）

　客席から見て、舞台の右側を上手、左側を下手といいます。右・左では舞台のなかに入った際、客席側から見たときと逆になり混乱するため、このように呼びます。

②袖幕（そでまく）

　舞台の上手と下手の両側にあり、舞台の袖側の奥が見えないようにする黒幕。セット（大道具など）や人形がスタンバイしているところを隠す役割があります。この舞台の例では、大小合計3組6枚あります。

③蹴込幕（けこみまく）
　とくに人形劇でよく使われる人形の使い手の体を隠すための黒幕。この舞台では約1m50cmほどありますが、一般的にしゃがんで使う1m10cmくらいのものがよく使われます。蹴込幕の上のラインが地面となり、その上に人形が立ちます。

④一文字幕（いちもんじまく）
　舞台の上部にあり、舞台のなかの天井部分や照明器具を客席から隠すための横に細長い幕。この舞台の例では、合計4枚あります（一番手前の幕は省略しています〔次ページの平面図・断面図を参照〕）。

⑤緞帳（どんちょう）
　舞台と客席を仕切り、ヒモを上下に引くことで中央から左右に開閉する引き幕のことです。この舞台の例では、上手側に操作するヒモがあります。また、講堂や体育館をはじめ一般的には、1枚の幕で上下に昇降します。また、絞り緞帳と呼ばれるものもあります。
　授業で学ぶような5分程度の上演時間の短い作品の場合、開幕したら途中では閉めません。場面転換には、中割幕を使うなど、ほかの方法を用いて、緞帳は最後に締めます。

⑥中割幕（なかわりまく）
　袖幕と同じ位置にある黒幕。操作によって舞台中央まで閉じることができます。場面転換などに使用されます。

⑦大黒幕（おおぐろまく）
　舞台奥の背景幕の前（客席側）の大きな黒い幕。夜だけでなくいろいろな場面が表現できます。場面転換時にも使用します。

⑧背景幕（はいけいまく）
　場面の情景などをあらわす絵幕。劇場やホールなどでは、山幕、森幕、海幕など、上演する物語や劇の演出に応じて、多種多様なものを使うことがあります。

⑨ホリゾント幕
　舞台の一番奥にある幕。照明効果を出すための白い幕。青空や水のある風景は「青」、夕景は「オレンジ」や「赤」という具合に、照明を当てて場面を表現します。
　ここまで解説してきた舞台の例を平面図と断面図で見てみると、次のようになります。平面図上で示した部分が、主として人形を操作するために人が動く範囲になります。

ここまで解説してきた舞台を平面図と断面図で見てみると、次のようになります。平面図上で示した部分が、主として人形を操作するために人が動く範囲になります。

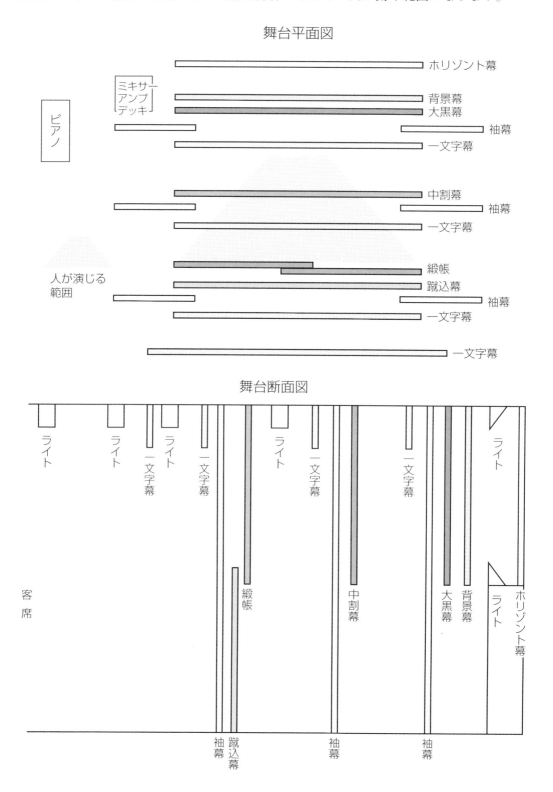

●照明の役割

人形劇における照明の役割には、

①舞台および人形をよく見えるようにする
②季節、時間、場所などの環境的な雰囲気をつくる
③人形の心理的な表現を補助する
④場面転換を表現する

などをあげることができます。

照明の表現で「明転（めいてん）・暗転（あんてん）」があります。明転は、明るいなかで舞台転換や時間経過を表現するもので、セットや人形が動くことで移動の時間を表現したり、場所に変化を表現したりします。また、照明を明るくする場合にも使います。

暗転は、暗いなかで舞台転換や時間経過を表現します。暗転は、観客の集中が途切れるので、とくに観客が小さな子どもの場合は、なるべく少なくします。暗転の果たす役割は重要ですが、子どもは暗闇におびえることもあるので注意しましょう。

ここで例にあげた舞台では、照明を操作する調光器は客席後方となる教卓側にあるので、授業では照明のプランは学生が考えて、操作は教員が行うことになります。

●音楽の役割

人形劇における音楽の役割には、

①人形のいる場所、情景のイメージを補助する
②時間設定、時間経過を表現する
③人形の心理的な表現を補助する
④場面転換で場面と場面の間のつながりや変化の様子を表現する

などをあげることができます。

ここでは、ピアノあるいはCDを使用することになります。小さな子どもが対象となる人形劇では、生のやさしい音を体感できるピアノを推奨します。音楽が果たす役割は重要ですが、場面にそぐわない大きな音を出すと子どもが恐怖を覚えることもあるので注意しましょう。

次に、照明や音楽を台本などに記載する際の記号を示しておきましょう。

フェードイン・フェードアウトは、それぞれ「F.I」「F.O」と表記します。F.Iは、音量や光量を徐々にあげていくことで、F.Oは逆に音量や光量を徐々に下げていくことです。

Column 舞台の工夫

本書で解説してきたような舞台を保育の現場につくることは難しいでしょう。かといって、このような舞台がないと人形劇が上演できないということではありません。
　たとえば、保育室の机を左右に配置し、机が汚れないように新聞紙などをしいていすを置き、長い棒をわたして布をかけるだけで舞台をつくることができます。また、パネルシアターのパネルを使うのもよいでしょう。パネルが倒れないようにして布をかけるだけで人形劇の舞台となります。晴れた日に戸外で人形劇を上演するときは、遊具や木の間にヒモをわたして布をかけます。これも舞台として利用できるでしょう。身のまわりものをつかって舞台をつくってみてください。

(2) 人形の基本的な操作方法

　授業で行う人形劇は、人形を操作する人の体は「蹴込幕」で隠れていて、人形だけが見える形式です。いくら熱演しても、人形がしっかり見えなければ、人形劇になりません。練習、発表に向けて、次の操作（動かすこと）の基本を理解しましょう。

①人形の基本姿勢
・腕の使い方：ひじから上はまっすぐに立てるようにします（正面から見た図）。

・腕の使い方：人形がまっすぐになるように立てます（横から見た図）。

②人形の高さ
・基本的には全身で三頭身になるように蹴込幕の上に出すようにします。

③歩き方
・**歩く**：ひじを上下させます。

・**走る**：やや前傾姿勢にしてひじを速く上下に動かします。

④あいさつ・会話
・おじぎ：手首から曲げます。

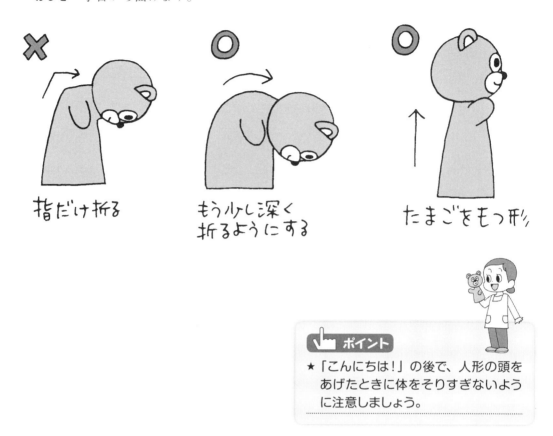

・会話：人形同士で会話しているときは、ななめ前を向くようにします（人形が向き合う形になると左右の観客から人形の顔が見えなくなってしまいます）。

・会話：台詞を話す人形は、前や左右を向いたりしながら、最後には話している相手（人形）を見てうなずく動作をします。聞いているほうは、基本的に止まった状態で話を聞きましょう。台本に「うなずく」などのト書きがあるときには、話しが途切れたときに、必要に応じてうなずくようにします。

⑤登場・退場
・袖幕に入ったところで、すぐに人形をおろしてしまうと、一部の観客からは見えてしまいます。袖幕の奥に十分に入ったところで人形をおろすようにしましょう。

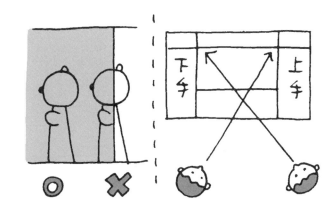

⑥人形が複数の場合の立ち位置
・人形が横一線に並ばないように、内側に立つ人形は、蹴込幕よりも奥（内側）に下がるようにします。台詞を話す人形は、一歩前に出るようにします。話し終わったら元の位置へ戻ります。

複数の立ち位置

話している人形は前にでる。
（ほかはうしろへ）

※矢印は人形の視線

3人のとき　半円状

2人のとき　向かい合わせ

2　劇をつくる

⑦人形を動かす人の姿勢

・つねに人形を見ながら人形の高さ、姿勢、視線を確認します。背の高い人は腰を落として自分の頭が出ないように工夫しましょう。

MEMO

Column　人形の扱いについて

　手づくりの人形は人形劇だけでなく、保育のさまざまな場面で登場させることができます。子どもたちはいきいきと動き、話しかけてくるしぐさに、まるで人形が生きているような気持になります。

　そんな人形を保育者がポイッと放り投げたり、机の上に乱雑に置かれていたりする様子を子どもたちに見せないようにしましょう。

　人形の「居場所」をつくり、ていねいに扱うことがとても大切です。たとえば、カゴに座るように置く、ベッドに寝ているように箱に横たわるように置く、ペットボトルを支柱にして立てかけてもよいでしょう。

　保育者が人形を生きているように扱う様子を子どもたちが見て、より一層大事な存在である認識が深まります。それは、人や動物など生き物を大事にする気持ち、身のまわりの物を大事に管理する気持ちにもつながります。

(3)台本

①あらすじをつくる（起承転結について）

　人形劇をつくるときは、何を子どもたちに伝えたいかを考え、どのような話にするか、あらすじを考えます。絵本や童話に限らず、物語には話の始まりと終わりがあります。終わりがはっきりしない話はつづきが気になりモヤモヤした気分になります。

　あらすじを考えるなかで重要なことが、起承転結です。「起」とは物語の始まりです。どのような登場人物が出て、何をしているのかがわかりやすく説明されます。「承」は物語の続きで、事件・トラブルが起こります。「転」は事件を解決するために主人公たちが活躍する場面です。「結」は話のまとめ、オチになります。

　たとえば、昔話の桃太郎でわかりやすく説明すると、桃太郎の誕生と成長、村に被害を与える鬼を退治しに出かけるところが「起」です。旅の途中でイヌ、サル、キジが桃太郎の家来になるところが「承」、「転」は鬼が島での戦いの場面、「結」は奪われていた宝物を村に運び、村人たちが大喜びをする、ということになります。

　起承転結のなかにも、細かな起承転結が含まれ、話に広がりが出ます。

②キャラクターを考える

　あらすじを考えるときに登場人物も考えます。どのような性格の登場人物かで物語のおもしろさが決まります。動物が出てくる場合は、かしこいイヌ、おしゃまなネコ、のんびり屋のタヌキ、元気なクマなど、いろいろな性格を考えてみましょう。ある台詞に対してそれぞれの性格で動物の反応がちがってくるはずです。みんなが同じような性格だと、物語に発展がなくなります。登場人物の性格によって話の展開に広がりが出てくるのです。

　すでに人形があるので、人形の顔を見ながら、人形にあった性格を当てはめて考えていくと、話がつくりやすくなります。

③台詞とト書き

　あらすじをもとに台詞を書いていきます。話の流れに沿って、台詞を書くと、流れをなぞっただけの台本になりがちなので、性格を考えながら、細かく書いていきましょう。

　たとえば、ケーキを食べた後に「おいしかったね」「うん、おいしかったね」では、それぞれの登場人物がどのような性格かわかりません。「おいしかったね」「おいしくて、ぼく、ほっぺがおちそうだよ」「思い出すとよだれが出ちゃうよ」「もうひとつ食べたいな」「ぼく、5個食べたってお腹こわさないよ」など、いろいろな台詞が考えられます。

　また、観客の年齢によっては、台詞のいい方を変える場合もあります。「ぼくはグーで、きみはチョキだからぼくの勝ち」という台詞も、じゃんけんのルールをしらないような小さな子どもは理解できません。「じゃんけんぽい、わーい、勝った」と人形が飛び跳

ねて動くだけで理解できます。
　台詞を話すときに、どのようなしゃべり方や動きをするか、またまわりの状況を説明するのがト書きです。(笑いながら)(悲しそうに)(走りながら登場)(雨の音がする)などと書きます。ト書きがきちんと書いてあれば、台本を読みながら場面を想像することができます。

④台本の書き方

　台本の書き方はさまざまな形式がありますが、この授業では次のように書いていきます。

人形劇台本「どうしたのかな？」①

　　　　　　　　　　　　　　　　　　　　　　　　　　掃守　純一郎作②

登場人物③
　　うさぎ
　　く　ま
　　たぬき

○森のなか、上手に木がある④

　　　　　(明るい音楽と共に幕が開く⑤)
　　　　　(上手から、うさぎあわてて登場⑥)

うさぎ⑦　　たいへんたいへん。約束の時間におくれたわ。

　　　　　(うさぎ、舞台中央できょろきょろする⑧)

　　　　　いないわ、くまくんおこって帰ったのかしら？　そうだわ、くまくんのお家に行ってみよう。⑨

　　　　　(うさぎ、下手に退場。しばらくして下手からくま登場)

く　ま　　あれ？　うさぎちゃんがいない。よかった。まだ来ていないんだな。よし、うさぎちゃんがくるまで、あの木の下でお昼寝しよう。

---

①題名を書く　②作者名を書く　③登場順に書く　④場面の説明。木は大道具になる　⑤オープニングには音楽を入れる。ピアノの生伴奏かCDなどを使う。　⑥ト書きはカッコ内に書く。文頭は台詞にそろえる　⑦登場人物を先頭から書く。台詞は2文字ぐらい空けて書く。　⑧ト書きは1行使う。　⑨台詞2行目以降は先頭を揃えて書く。

（くま、木の後ろに行く。たぬき、歌いながら上手から登場）

たぬき　　ランラ、ランラ、ラン。あれ、こんなところでくまくんが寝てるぞ。どうしたんだろう？　そうだ、いいこと思いついたぞ。ここに落ちてる紙袋⑩を、こっそりくまくんにかぶせちゃおう。

（たぬき、紙袋を拾って、木のうしろに入り、出てくる）

うふふ、くまくん、目を覚ましたらびっくりするぞ。ぼく、いたずらの天才！

（たぬき、台詞をいいながら上手に退場、下手からうさぎ登場）

うさぎ　　くまくんお家にいなかったわ、へんねぇ。そうだ、大きな声で呼んでみましょう。く、ま、くん!!

（木の後ろからくまくんの声がする）

くま　　　あっ、うさぎちゃんの声だ。　うさぎちゃん！

うさぎ　　くまくんの声だわ。くまくんどこにいるの？出てきて。

（くま、袋をかぶったまま木の後ろから登場）

くま　　　う、さ、ぎ、ちゃん。

うさぎ　　きゃー、おばけー！

（うさぎ、おどろいて下手に逃げていく）

　台詞を読むだけで登場人物のイメージがわかるように、どんな性格か考えて書きましょう。シンプルな話で、出来事、事件がスピーディに展開すると子どもたちも引きこまれるでしょう。5分くらいの長さの台本を、起承転結をそれぞれ約1分で書くとちょうどいい長さになります。

---

⑩小道具は人形に合せてつくる。大きめがよい。

④音楽・照明

　音楽には、劇の始まりと終わりに入れる音楽のほかに、途中で入れる音楽があります。開幕前に音楽が鳴ると、観客は期待感をもって舞台に集中します。劇の幕が閉まるときに音楽が入ると、劇が終わったという合図で自然に拍手が起こります。途中で入れる場合は、怖そうな音楽、楽しい音楽などで、その場面の雰囲気を表現できます。登場人物ごとにテーマ音楽を入れてもいいでしょう。また、場面が変わるときに音楽でつなぐと観客は話の流れを自然に感じます

　照明は、劇の最初に点灯し、最後に消灯（暗転）します。授業で演じる劇は長い作品ではないので基本的には点灯したままです。場面転換のときに暗転してセットの交換をしますが、たびたび暗転すると観客の集中力が切れるので、逆効果になります。場面によっては、照明の効果として楽しさや悲しさ、夕方の雰囲気などを表現することもあります。

（4）練　習　―劇をつくるまで―

①読み合わせ

　台本の内容を何度かグループ（同じ台本で人形劇を演じる人たちでつくる）で検討した段階で、練習を始めましょう。

　まず、人形をもって一人ひとりの台詞を声に出して台本を読んでいきます。あらかじめグループ内で相談して決めたキャラクター（人形）に合った声の高さや速さを考えながら、できるだけその役を表現できるように読み合わせをします。

　台詞でいいづらいところがあれば、グループで相談しながら台本を修正しましょう。

最初に作成した台本は、何度も手直しをしながら、実際に上演するときに使用する台本へしあげていきます。

②立ちげいこ
　次に、人形をもって実際に動かしながら台詞を読みます。台本を読んでいるだけではわからなかったところに気がつくでしょう。台詞が足りない、人形が動くスペースがないといった問題も解決していきます。
　立ちげいこで台詞や動きを覚えておくと、効率よく練習が進んでいきます。
　ここでも台本を手直ししていきます。実際に人形を操作することで、台詞だけでなく、ト書きも大きく変わります。台本を変えたところも、立ちげいこをしながら覚えていきましょう。

③演出
　立ちげいこのときには、「演出」という役割が重要になってきます。ひとつは、自分たちでつくる作品（人形劇）の内容を、観客にどう伝えるかという点です。台本づくりで相談したことを実現しましょう。

もうひとつは、観客に劇の内容と人形の動きがどう見えるかという点です。本書で解説した人形操作の基本はもちろんですが、奥の人形と手前の人形が重なっていないか、台詞の内容は適切なのかなど、演じていて見えにくい部分や不自然なところがないかを確かめます。

　演出は、本来の人形劇や演劇などでは一人の人が行います。本書では、全員あるいは数人が担当して観客の側から練習を見ることを勧めます。このようにすることで、グループのなかでお互いに気をつけあうことができます。こうした経験は、保育者を目指す学生として大事なものと考えるからです。

　授業以外の自主練習のときには、スマートフォンなどを用いて動画を撮影しておくと、すぐにグループの人たちと意見を交わすことができます。このような意見交換を行ないながら練習をしていきましょう。グループのメンバー全員が演出という役割を経験することができます。

④練習で気をつけたい点

　練習のときに、とくに気をつけることを、以下にあげておきます。

- 台詞は大きな声ではっきりと教室の後方の客席まで全員に聞こえるようにしましょう。
- 上記のことを実現するために台本を暗記しましょう。暗記することで自分の人形の動きを確かめながら演技することができ、自信をもって大きな声で表現できます。
- グループのメンバーがお互いに助け合うためにも、台本はすべて覚えておくことが理想です。
- 台詞を話す人形だけを大きく目立つように動かします。ほかの人形は、基本は動かずに話している人形を見るようにします。人形がうなずくだけでも観客には話しているように見えます。どの人形が話しているのかわからなくなり、混乱することがあります。
- 人形の高さ（頭の位置）はそろえるようにしましょう。
- 小道具の扱いは不自然に見えないように、とくにしっかり練習しましょう。

　以上のことに気をつけながら練習を重ね、発表前のリハーサルでは、発表（上演）と同じように演じることができるようにしましょう。自分たちの伝えたいことがはっきりと表現できるよう台本を何回も手直しして、楽しい発表につなげてください。

Column　先輩たちの声②　―台本づくりから練習―

　台本をつくるのは大変だったけれど、ほかの人の作品を見て、たくさん学べました。グループが動き始めてからは、ひとりが練習を休むだけで、何倍も大変になったので、みんなで一つのものをつくる大変さを知りました。たくさん練習した分、達成感も大きかったです。

(N.O.さん)

　物語がまったく思いつかず、苦労をしました。脚本家の方は、とても想像力があってすごいんだなあ、と改めて実感しました。練習もみんなで集まれる日が少なく、協調性がすごく大事だと思いました。小道具づくりも、人形の大きさに合わせたりして、なかなか大変でした。

(K.M.さん)

　グループで一からいろいろな意見を出し合ってつくりあげた台本を、空きコマや昼休みなどを活用して一生懸命支え合って完成させました。途中アクシデントに見舞われながらも、練習のなかでよくするために「こうしたほうがよい」とか「もっと声を出して」など言い合ってできたので、とてもよかったと思います。

(H.Oさん)

　台本は対象となる子どものことを考え、ひとりの人がずっと話すのではなく、均等にセリフを入れるということや、照明やピアノなど音楽を入れることを学びました。練習では、大きな声で元気よく話したり、人形の姿勢や高さや立ち位置、セリフをしゃべる人形を見ることなどを学びました。こんなに演じることが大変だと思っていなくておどろきました。人形を大きく動かすなど、基本を知ることができてよかったです。

(K.T.さん)

　いくつかのグループに分かれて台本から練習をするということで、最初はとても大変でした。一人ひとりの予定があるので、なかなかみんなで集まれなかったりしていました。「このまま本番に行ってしまっていいのか」という不安や心配がありましたが、最後の最後まで練習をし、みんなで意見を言い合いました。以前よりもグループ内での絆が深まり、このグループでよかったなと思いました。

(Y.H.さん)

(5) 発　表　―劇を演じる―

1 心構え

　いよいよ練習の成果を観客の前で発表するときです。人形劇を通じて、何を伝えたいのか、どのように台詞をいえば伝わるのかなど、グループの仲間たちと考えて台本を何度も手直ししながら練習してきたことでしょう。

　発表には、ベストな状態で緊張感をもって臨むようにしましょう。しかし、何よりも大切なことは、緊張感をもちながらも、演者の一人ひとりが人形劇を楽しむことです。演者が楽しい気持ちで演じると、その気持ちは確実に観客に伝わります。将来、子どもたちの前で人形劇をするときに、もっとも重要なことは、子どもといっしょに保育者が楽しい時間をつくりだすことです。

①服装

　人形を動かすためには、腕を上にあげる必要があります。人形を動かしやすい服装で臨みましょう。練習の段階で、どのような服装が動きやすいかを確認しておきます。

　人形を操作する際に腕が見えてしまうことがあります。黒い長袖などを着用すると、観客から腕が見えても、肌やほかの色の服などよりは気になりません。

②髪型

　髪が顔に触れたり、髪型を気にしながらでは、よい演技はできません。長い髪はまとめるなど準備をしましょう。

③靴

　かかとの高い靴では、体が前のめりになりやすく人形をまっすぐ立てることが難しくなります。また、慣れない動きで怪我をすることもあります。かかとが低く、人形を動かしながら歩いて移動しても音の鳴らない靴を用意しましょう。

2 注意事項

　事前に何度も練習をしても、万全な準備を整えていても、演じていると予期しないことは起こります。観ている観客たちが人形劇を最後まで楽しめるように、アドリブで対応することも大切です。

①舞台周りの確認

　幕の開閉は誰がどのタイミングでおこなうか決まっていますか？　音響機器の操作方

法や音量の確認は、必ず事前にしましょう。人形や小道具は、登場順に並べておきましょう。人形劇が始まってしまえば、足りないものを取りに行く時間はありません。事前にしっかりと確認しておきます。

②止まらない・笑わない

　人形劇を演じていて台詞を間違えたりするなど、失敗することもあります。その場合、演技を中断したり、笑ってしまったりすることはよくありません。とっさの判断で難しいかもしれませんが、そのまま自然に流れるようにアドリブで演じ続けましょう。授業の発表では、グループの仲間内で笑ってごまかせるかもしれませんが、保育の現場で人形劇を上映している場合、見ている子どもたちは、なぜおはなしが止まったのか、なぜ笑っているのかわかりません。

③大きな声で演じる

　演じるときは、台詞がしっかりと観ている人たちに聞こえることが重要です。恥ずかしがり小さな声で演じると、不自然さがかえって目立つものです。観客が小さな子どもの場合、演じていると子どもの歓声によって台詞が聞こえなくなってしまうこともあります。そのときの状況に応じて、より大きな声を出すなど適切に対応しましょう。

3 ふり返り

　人形劇を演じた後、観客の反応が気になるところでしょう。グループの仲間たちと練習した通りに演じることができた場合、大きな達成感とともに、もう一度人形劇を演じたいという気持ちがより深まることでしょう。

　もっとこうすればよかったと反省するところは、個人でしっかりと記録をとり、次の機会に生かしましょう。また、よかったところも記録をとっておきましょう。そうした記録を将来につなげていくことが重要です。

　保育の現場で人形劇を演じる場合、授業の発表とひとつだけ違うことがあります。それは観客の反応です。人形劇の上演中に聞こえてくる子どもたちの人形への掛け声や歓声、上演後の笑顔が成功の証拠となります。ぜひ、子どもたちとともに人形劇を楽しむ機会をつくりましょう。

Column　先輩たちの声③　―人形劇の発表を終えて―

　見ている人を楽しませたいと思う気持ちは、本当に大切だなと感じました。緊張のなかで、力を出すことは本当に大変だなと思いました。ひとりひとりの協力なしには、成功はしなかったと思います。自分がやったことに対して、見ている人の反応が返ってくるうれしさを学ぶことができました。

(M.K.さん)

　緊張はしたけれど、声の大きさや人形の高さに気をつけて、見ている人に伝わりやすくなるように演じました。普段の声で話していたので、動物になりきった声で話せたらよかったなと思いました。

(T.O.さん)

　本番前に気をつける点（声を大きく、人形の高さを合わせる、セリフを間違えても笑わないなど……）をみんなで言い合ってしっかり意識してできたこと。また、本番中もみんなで「肘あげて」と確認し合え、練習の成果を出すことができて大成功だったなと感じました。とても楽しかったです。

(H.O.さん)

　発表は、とても緊張しました。こんなに手が震えたのは、はじめてでした。しかし、今までみんなでやってきた練習は、絶対裏切らないと思って発表に臨みました。自分のなかで少し失敗してしまった部分もありましたが、舞台のなかで助け合いながら、無事に発表ができてよかったです。

(S.K.さん)

　本番は、多少のミスや個々に思うことはあったと思いますが、それ以上にがんばってきたこと、このメンバーで発表を行うことができた達成感がこみあげてきました。先生からの言葉で「保育って、きっとこういうものなのだと思う」と聞いたときは、本当に涙があふれてしまいそうでした。もっと学びたい！　と思えました。

(Y.H.さん)

あとがき

児童文化と人形劇　このハンドブックは、「聖徳」の保育者を目指す人たちのための特別な教科書です。

　教科名には大正時代から使われるようになった「児童文化」という言葉が入っています。当時、おとなの世界で活躍していた文学や音楽、美術、演劇関係の人たちが、子どものためのすぐれた歌や絵、おはなし、劇などが少ないと考え、次々に子どものための作品を発表し始めました。やがて、人形劇、絵本、童謡など、具体的なものが「児童文化財」と呼ばれるようになりました。

　その後、「児童文化」の考え方として、おとながつくる文化に対して、子ども自身がつくりだす文化がとくに大事にされるようになりました。また、「児童文化」という言葉はその成り立ちから「おとなが子どもに与える」という意味が強いと考えられ、「子ども文化」「子どもの文化」という言葉も使われるようになりました。

　この授業では、保育現場を中心に考え、子どもとおとなが人形劇の楽しさを共有することを通じて、子ども自身の創造へと展開することを目標に、「児童文化」のなかの人形劇の世界を学びます。

すてきな保育者になってほしい　担当教員たちは、人形劇を学ぶことによってすてきな保育者に、また、子どものまわりにいるすてきなおとなになってほしい、という願いをもって授業内容の改善を続けています。

　人形の工夫や舞台の工夫（拙著『保育者のための言語表現の技術』を参照）など、人形劇のすべてを取りあげるわけにはいきませんから、子どもと一緒につくり演じることができるもの、保育者がつくり子どもと一緒に遊べるもの、保育者がつくり保育者が演じるもの、という視点で選んでいます。保育者のはたらきかけによっては、保護者の参加、家庭での遊びなどにもつながります。

子どもたちは人形劇が大好き　このことは、子どもとかかわるほとんどのおとなが知っていることです。子どもたちは、人形が登場するだけで、あっという間に人形劇の世界に入ってしまいます。

　子どもたちは、なぜ大好きなのでしょう。それは、原則として舞台と観客席がきちんと線を引かなくても、わかれていること。人形劇に出てくる怖いおおかみは、決して自

分に襲いかかってこないことを知っていて、その怖さも楽しみます。生まれた直後から、ぬいぐるみなどの人形に親しんでいることで、安全だとわかっているからでしょう。

　登場人物と一体化し、人形劇の世界に入り込み、現実から解放され、その世界をのびのびと楽しむのです。

人間の劇との違い　人形劇は、テレビなど映像用のものを除くと特別の仕掛けがない人形によって演じられることがほとんどです。たとえば顔は、ひとつの表情しかなく、笑ったり、泣いたり、子どもが自分のイメージで人形のいろいろな表情をつくり出すことができます。体でリアルに表現し、演じる人間の劇とは大きく違います。子ども自身の想像力で自由につくり出せる要素に満ちあふれているのが人形劇です。

人形劇をつくること　人形劇は人形を使って表現しますが、将来、保育現場など、子どもとかかわる場で、劇遊びやリズム劇、オペレッタなど、体で演じる劇のサポートをします。人形劇づくりで身につくさまざまな表現のしかたの多くは、役立つことでしょう。このことだけでも人形劇をつくることは大きな意味があります。

人形劇づくりから発表までに　対象である子どもを意識することは、子どもについての理解がなければできません。劇全体をみる力も必要です。全体のなかの自分を意識することは、グループのメンバーを理解しなければできません。こうした意識が育つなかで、コミュニケーションが生まれ、チームワークが徐々に向上し、グループとしての協調性が生まれます。

　こうした積み重ねによって、発表のときに、大きな達成感をグループのメンバーと共有することができるのです。この達成感をぜひ味わってほしいと願っています。止まっていては、ここまで進めません。積極的に授業に取り組んでください。

人形劇はライブ　教室の舞台で演じる人と観る人が一緒になってつくった世界はすばらしかったと思います。映像と違って、人と人とが同じ空間で感動を共有するライブの時間は、コミュニケーションの原点として、おとなにも、子どもにも大切な経験です。

授業を終えて　この授業で身についたことを思い出してください。保育者として効果的に生かすことができる人形劇の世界が伝わったでしょうか。限られた時間のなかでのことですから、授業だけでは十分に伝えられなかったかもしれません。それでも、教科書と合わせてふり返ってみれば、授業の時間だけで学べることをはるかに超えた成果が得られたのではないでしょうか。受講した皆さんに、多くの学びが得られたと実感してほしいと思います。

これから　今後のいろいろな授業のなかで、保育現場のなかで、子どもたちとかかわる場ですごすときに、人形劇の世界を楽しんでください。製作した数々の人形は、そのまま、あるいはもっと増やして大事に保存し、これからも活用してください。

　とくに製作や演じることの得意でない皆さんの努力が報われることを祈っています。

　2016年3月

幸田　眞希

★ ★ ★ 執筆者紹介

幸田　眞希（こうだ・まき）
　　元聖徳大学短期大学部教授
　　［執筆］Part 1 扉、Part 2 扉、2（2）、（4）

掃守純一郎（はきもり・じゅんいちろう）
　　聖徳大学短期大学部准教授
　　［執筆］Part 2 2（3）、人形制作、台本執筆

金城久美子（きんじょう・くみこ）
　　聖徳大学兼任講師
　　［執筆］Part 1 1〜3、Part 2 1、2（2）Column、（5）、台本執筆

横田左千子（よこた・さちこ）
　　聖徳大学兼任講師
　　［執筆］Part 2 2（1）

※人形の製作手順については、幸田、掃守、金城の3名で検討し、金城が執筆した。

〈協力〉
勢井一花　聖徳大学児童文化研究室
上田暁子　聖徳大学児童文化研究室

[装　　　幀]	杉田　光明
[イ ラ ス ト]	池田八惠子
[写 真 撮 影]	山手　良樹
[ＤＴＰ制作]	坂本　芳子

手づくり人形劇ハンドブック
― 子どもといっしょに楽しむ劇表現の世界 ―

2016年5月26日　初版第1刷発行
2023年4月1日　初版第6刷発行

著者代表	幸田　眞希
発行者	服部　直人
発行所	㈱萌文書林

〒113-0021　東京都文京区本駒込6-15-11
TEL 03-3943-0576　FAX 03-3943-0567
https://www.houbun.com
info@houbun.com

印刷製本　モリモト印刷株式会社

〈検印省略〉

ISBN 978-4-89347-195-6　C3037

日本音楽著作権協会(出)1604744-206

©2016 Maki Kouda, Printed in Japan

● 落丁・乱丁本は弊社までお送りください。送料弊社負担でお取り替えいたします。
● 本書の内容を一部または全部を無断で複写・複製，転記・転載することは，法律で認められた場合を除き，著作者および出版社の権利の侵害となります。本書からの複写・複製，転記・転載をご希望の場合，あらかじめ弊社あてに許諾をお求めください。

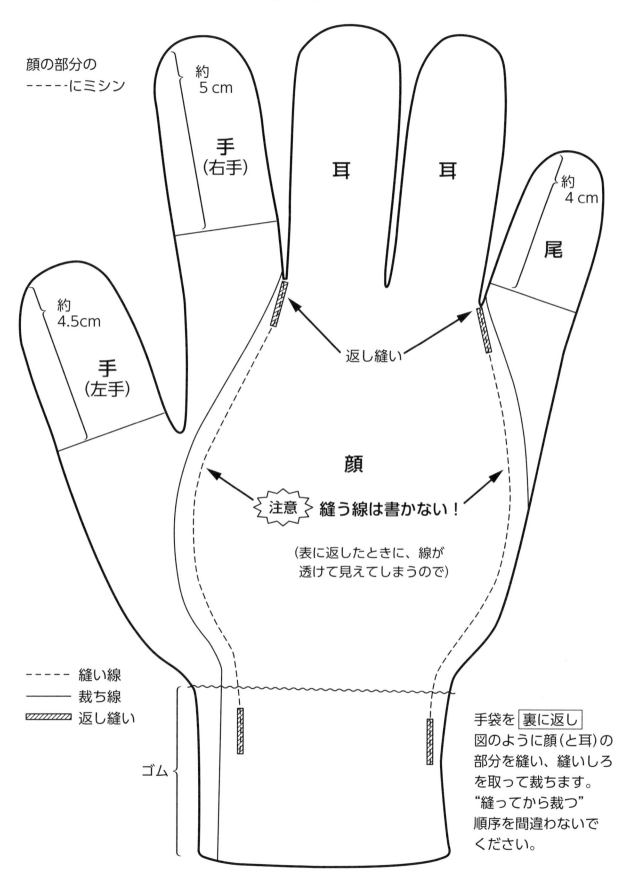

資料② 手袋人形 前見頃の型紙
(切り取り式)

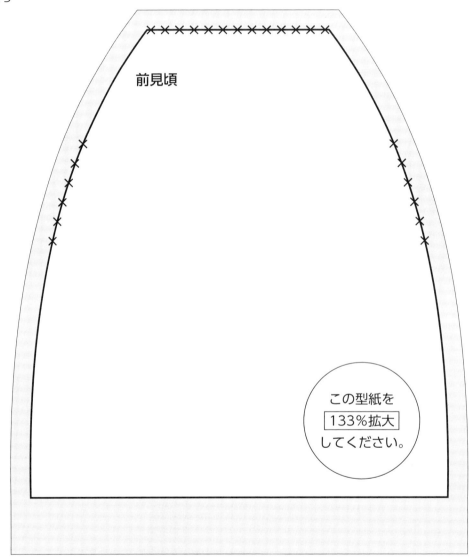

資料③ 手袋人形　後見頃の型紙
(切り取り式)

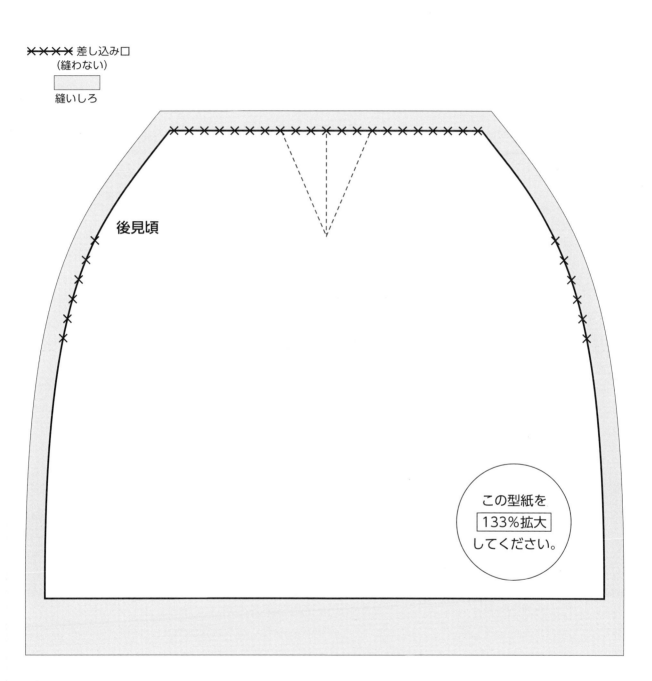

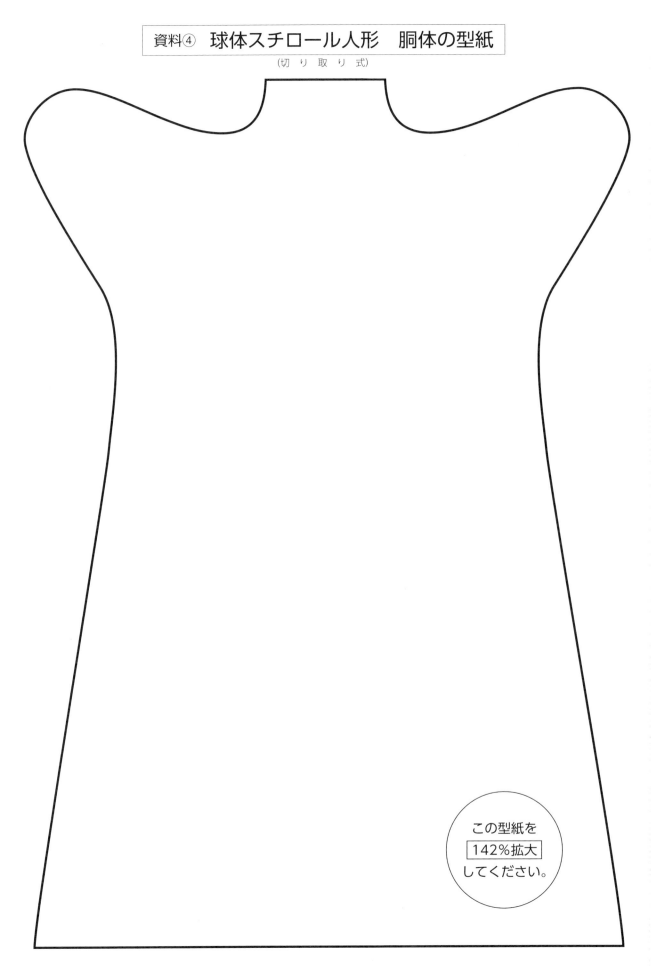